HANDMADE

COSTUME JEWELRY BIBLE

ハンドメイドの
コスチュームジュエリーバイブル

余合ナオミ

PROLOGUE
はじめに

ハンドメイドジュエリーは、
ID カードのような存在だと思うことがあります。
身につけている方の好きな色、フォルム、素材、テクニックなどの情報が
一瞬にして伝わってくる。
「あなたのネックレス素敵ね」「どうやって作っているの？」と会話が弾み、
コミュニケーションツールとなるハンドメイドジュエリー。

そんな自分を映し出す鏡のような存在のハンドメイドジュエリーを
もっと楽しんでいただくために、
この本は生まれました。
私が制作しているコスチュームジュエリーは、
様々な種類の素材からできています。
それぞれに長い歴史やロマンがあり、
使い方によってその表情を変えます。
素材をよく知ることで、
モノヅクリの世界はより広く、深くなります。

ハンドメイドのコスチュームジュエリーを通して、
スタイリッシュでエレガントな自分だけのファッションを
築き上げてくださいね。

余合ナオミ

CONTENTS

SWAROVSKI CRYSTALS スワロフスキー® ・クリスタル

4 Mademoiselle Necklace → P40
5 Mode Barrette → P41
 Mode Globe Holder
6 Purple Brooch & Pearl Necklace → P42
8 Marine Pendant → P44
 Star Pendant → P44
9 Sparkle Necklace → P46
 Sparkle Earrings

10 COLUMN [素材のルーツにふれる、ヨーロッパの旅]

VENETIAN BEAD ヴェネチアンビーズ

12 Naomi Wave Bracelet → P48
 Road to Ancient Bracelet → P49
13 Amore di Venezia Necklace → P50
 Amore di Venezia Earrings

UV RESIN レジン

14 Wonderland Necklace → P52
15 Natural Lace Choker → P53

CZECH BEAD チェコビーズ

16 Happy Ladybug Bracelet → P56
 Happy Ladybug Ring
 Happy Ladybug Necklace → P54

NATURAL STONE 天然石

18 Byzantine Bracelet → P57
 Wrap Bracelet → P58
19 Byzantine Necklace → P59
 Byzantine Earrings

BIJOUX ビジュー

20 Petite Fleur Earrings → P61
 Pastel Heart Necklace → P63
 Petite Fleur Ring → P62

COTTON PEARL コットンパール

22 Lavender Necklace → P65
23 Dreamy Necklace → P66

METAL PARTS メタルパーツ

24 Blue Forest 2way Brooch & Necklace → P67
25 Feather Earrings → P71

SEED BEAD シードビーズ

26 Fleur Noir Brooch → P72
 Rosette Brooch → P74
27 Beading Necklace → P76

28 COLUMN [世界を虜にする、日本のシードビーズ]

29 材料が買えるお店

30 ハンドメイドコスチュームジュエリーの基本

39 HOW TO MAKE

78 モードジュエリーメイキングが学べる全国のお教室

82 NAOMI YOGO'S GALLERY

SWAROVSKI CRYSTALS

スワロフスキー®・クリスタル

1895年にダニエル・スワロフスキーⅠ世がオーストリアのワテンズに設立したスワロフスキー社が製造するクリスタルのプレミアム・ブランド。スワロフスキー・エレメントは、ファッション、ジュエリー、インテリアに用いるカット・クリスタルで世界をリードするブランドです。精巧なカットとファセットが施され、一貫した品質を保持するクリスタルは、時間を超越して常に新しく、長い歴史と豊かな遺産を受け継ぎ、クリエイティブな表現の中心となっています。

Mademoiselle Necklace
how to page 40

Mode Barrette
how to page 41

Mode Globe Holder
extra works

Purple Brooch & Pearl Necklace
how to page 42

30年前、ウィーンの街でスワロフスキー・クリスタルと出会いました。まるでプリズムのような七色の輝きに心を奪われました。慣れない海外生活での不安な気持ちを明るく照らしてくれる魔法の煌めきに感じたのです。生まれて初めて購入したアクセサリーは、ハート型のスワロフスキー・クリスタルにNとイニシャルが彫ってあるペンダント。幼少期の出会いが潜在意識の中にあって、こんなにも現在ジュエリー制作に夢中なのかもしれません。現在、スワロフスキー社のアンバサダーを務めていることに運命を感じています。

Marine Pendant
how to page 44

Star Pendant
how to page 44

Sparkle Earrings
extra works

Sparkle Necklace
how to page 46

COLUMN

素材のルーツにふれる、ヨーロッパの旅

伝統を受け継ぐ人々のあたたかさを感じる旅。
ビーダーの皆様と一緒に、愛すべき素材の故郷を訪ねました。

常に新しい輝きを見せてくれる
スワロフスキー

　スワロフスキー社の本社は、オーストリアのWattensという閑静な街にあります。今回お世話をしてくださったのはRoberto Arenaさん。普段は世界のVIPなお客様を担当しているというRobertoさんのホスピタリティは素晴らしいものでした。

　スワロフスキーの製法は、創業者ダニエル・スワロフスキー一族のみにしか伝えられておりません。世界ナンバーワンのクリスタルの秘密は、一族によって大切に守られているのです。現在はスワロフスキー一族のミーティングなどに使われている施設、「HAUS MARIE」。その特別な空間をRobertoさんに案内していただき、スワロフスキー社の歴史を学びました。

　その後本社ビルに移動し、スワロフスキー・クリスタルを贅沢に使った作品のワークショップを受講しました。モノトーンに輝くスワロフスキー・クリスタルがたっぷりと用意されており、厚手のフェルトに思い思いに縫い付けていくゴージャスなチョーカーを作ります。コーヒーなどを用意してくださったのですが、しばらくは誰も手をつけないほど夢中で取り組みました。

　創立100周年を記念して立てられたKristallweltenへ向かうと、有名な「巨人」がクリスマス仕様で私たちを出迎えてくれました。巨人の下にある洞穴のような入り口を入っていくと「…足を踏み入れると、そこは夢の世界」オーストリアの詩人Geork Traklの言葉がまさに当てはまるファンタジーワールドが展開します。世界最大規模のクリスタルのシャンデリア、光り輝く木馬のオブジェなどの他にダリ、キース・ヘリング、アンディ・ウォーホル、ニキ・ド・サンファルなどの著名なアーティストとスワロフスキーとのコラボ作品を楽しむことができます。また、ブライアン・イーノをはじめとする現在のメディアアーティストとの斬新な映像作品、スワロフスキー社技術者による動くインスタレーションなど万華鏡のような非日常の光の楽園を体感しました。

　歴代の代表的な作品が展示されたTimeless Swarovskiのコーナーも、ビーダーの方々にとって興味深い場所であったことでしょう。100年以上前のアンティークの作品に皆さん見入っていました。

　特別に見学させていただいたVIPラウンジには、ダニエル・スワロフスキーの「良い物を常により良く」という言葉が壁に刻まれています。また外には「YES TO ALL」という大きなモニュメントが煌めいています。この2つの言葉に、世界最高水準のクリスタル

をカットする技術をもちながらも、決しておごらずに常に新しいもの、美しいものを生み出し、世界中のファンを驚かせ、満足させようとするスワロフスキー社の社風をひしひしと感じます。

千年の時を超えて愛される ヴェネチアンガラス

1915年より4代続く、ヴェネチアンビーズの老舗「VACCARI」の工房を訪ねました。「Vero Jewels」という、自社のビーズを使用したコスチュームジュエリーブランドも手がけています。

1千年以上の歴史のあるヴェネチアンガラス。技術の流出を防ぐためにガラス工房や職人をムラーノ島へと強制移住させていたほど厳格に守られてきました。しかし哀しいことに今ではそのガラスの技法、デザインは盗まれ、安価な模造品も出回っています。そんな中、VACCARI社のヴェネチアンビーズは、100%ムラーノ島で作られたガラスから生み出され、大切な伝統を今も守り続けています。

4代目当主Eleonoraさんをはじめ VACCARIファミリーの出迎えを受け、2人の女性マエストロが作業をされている工房を見学させていただきました。色とりどりの美しいガラス棒、そして何百という種類のビーズの型に目を奪われ、炎を自在に操りながらまるで命が宿るかのように一本のガラス棒からカタチを生み出していくマエストロの艶やかな手つきにうっとりと見とれます。

見学の後は、マエストロのRiki Senoさんの工房で銅の棒にガラスを巻き付けていくビーズ制作を体験。もう一つの工房ではヨーロッパの伝統的な手法、日本でいうとビーズフラワーのような作り方でワイヤーにシードビーズを通してモチーフを作っていくテクニックを、マエストロのGraziella Codatoさんから学びました。まず一番に驚いたのは、Graziellaさんがずっと立ったまま作業をされること、そして定規をいっさい使わないこと。ワイヤーの長さを測る時は手や指の長さを目安としています。道具も丸ペンチ一本というシンプルさでありながら、次から次へと華麗なモチーフを生み出して行くGraziellaさんは魔法使いのようです。

Riki SenoさんもGraziellaさんもお母さんやおばあさんの代からVACCARI社のマエストロなんだそうです。幼い頃からのモノヅクリのリズムが体にしみ込んでいる…これこそがヨーロッパの伝統を支える大きな力なんだと妙に納得しました。

VACCARI社のコスチュームジュエリーブランドVero Jewelsは歴史的なテクニックとモダンさが見事に融合しています。「ナオミ見て、プレゼントを用意したの」と、EleonoraさんがVero Jewelsのペンダントトップを見せてくれた時、驚きのあまり言葉を失いました。なんと、今回の旅をご一緒した32名皆さんにご用意くださったのです。

本来は冷たいガラスなのですが、その繊細でエレガントな気品ある作品からは、なぜかほっこりとあたたかいぬく

もりさえも感じる。ヴェネチアンビーズの伝統を守り続けている人々に心からの敬意を表したいと思います。

VENETIAN BEAD

ヴェネチアンビーズ

Naomi Wave Bracelet
how to page 48

Road to Ancient Bracelet
how to page 49

何世紀もガラス製造の重要な中心地であったヴェネチア。16世紀からその美しさで人々を魅了し続けているヴェネチアンビーズ。繊細な模様の施されたヴェネチアンビーズは南アフリカや北アフリカで人々に熱狂的に受け入れられ、貨幣以上の価値を与えられたことによって、ヨーロッパの商人に莫大な利益をもたらしました。高度なテクニックと芸術性を兼ね備え、愛情を込めてハンドメイドで作られたヴェネチアンビーズの気品のある輝きは、現在も人々を夢中にさせています。

Amore di Venezia Necklace
how to page 50

Amore di Venezia Earrings
extra works

UV RESIN

レジン

Wonderland Necklace
how to page 52

Natural Lace Choker
how to page 53

UVレジンとは紫外線硬化樹脂のこと。好みのパーツやビーズ、ワイヤーやペーパーなどを封じ込め、簡単に自分だけのオリジナルパーツを作ることができる魔法の素材です。太陽光でも短時間で硬化させることができるようになったUVレジンはますます進化し続けています。接着効果もあるためレジンを使うことによって、コスチュームジュエリーの世界はさらに広がりますよ。

CZECH BEAD
チェコビーズ

Happy Ladybug Bracelet
how to page 56

Happy Ladybug Ring
extra works

現在のチェコの西部・中部を指すボヘミアでは11世紀からガラスの製造が盛んに行なわれてきました。ヴェネチアと並んでヨーロッパのビーズ生産の中心地であった現在のチェコ。ボヘミア、そして近隣のトランシルヴァニア、ルーマニア、トルコなどの東ヨーロッパの地域の伝統衣装にはビーズ細工が施されています。長い歴史によって生み出された豊富なカタチ、懐かしさを感じる柔らかな色合いは、コスチュームジュエリー制作には欠かせないパーツと言っても過言ではないですね。

Happy Ladybug Necklace
how to page 54

NATURAL STONE

天然石

パワーストーンとして注目されている天然石ですが、コスチュームジュエリーでは自然の生み出す一粒一粒の表情の違いが作品のスパイスになると考えています。人工のものでは作り出せない何とも言えないニュアンス。珊瑚やターコイズは入手しやすい染めてあるものを使っていますが、それでも海や山の恵みを感じてほっこりと癒される。身につけることによって、大地に抱かれているような感覚を味わえるのが天然石の魅力です。

Byzantine Bracelet
how to page 57

Wrap Bracelet
how to page 58

Byzantine Earrings
extra works

Byzantine Necklace
how to page 59

BIJOUX
ビジュー

美しいカットの施された華やかなビジューが石座に収まっているビジューストーン。石座の穴にワイヤーを通すことによって自由自在にカタチを作ることができるのが魅力。宝石のような煌めきを味わうことができるのは、まさにコスチュームジュエリーの醍醐味。トレンドのカラフルビジューを身にまとうと装いもぐんとこなれて見えます。

Petite Fleur Earrings
how to page 61

Pastel Heart Necklace
how to page 63

Petite Fleur Ring
how to page 62

COTTON PEARL

コットンパール

Lavender Necklace
how to page 65

Dreamy Necklace
how to page 66

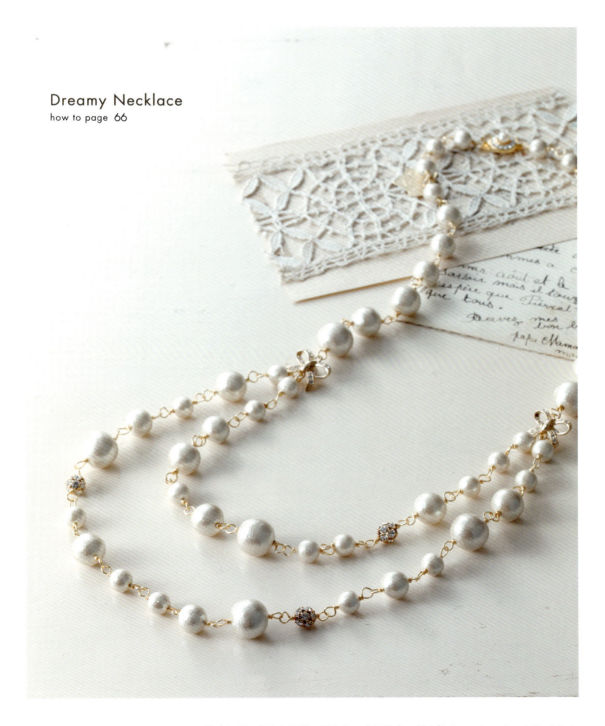

驚くほどの軽さと独特の温かみのある風合いが人気のコットンパールは、Made in JAPAN。綿を球状に丸めて圧縮し、表面に光沢のあるパール加工を施したフェイクパール。ここ数年、ファッション業界から火がついて大人気になっている素材です。一時はプラスチックパールの普及で生産が中止になっていたコットンパールが、リバイバルされてからはその人気が衰えることがありません。

METAL
PARTS

メタルパーツ

コスチュームジュエリーの第一人者、ミリアム・ハスケルの作品でも欠かすことのできないメタルパーツ。フィリグリーと呼ばれる、タペストリーワークに最適な透かしパーツから、動植物をモチーフにしたパーツまで種類は豊富。メッキの色によっても雰囲気が変わります。1929年にミラノで創業したmenoni社のメタルパーツを多用しています。重厚でスタイリッシュなパーツはイタリアのファッション業界でも人気の的。

Blue Forest 2way Brooch & Necklace
how to page 67

Feather Earrings
how to page 71

SEED BEAD
シードビーズ

Fleur Noir Brooch
how to page 72

Rosette Brooch
how to page 74

Beading Necklace
how to page 76

古代のビーズのいくつかは植物の種子（シード）で作られていました。ビーズのサイズが種子のように小さいガラスビーズを「シードビーズ」と呼ぶことには古代のロマンを感じます。日本のシードビーズの製造は、1930年代に開始され、大量生産がおこなわれるようになったのは第二次世界大戦後。日本でもっとも歴史のあるビーズメーカーはMIYUKIです。1982年にMIYUKIが開発したデリカビーズは、幅と厚さが等しい円筒型であること、標準的なシードビーズに比べて穴が大きいことで業界に革命を起こしました。MIYUKIの高品質なシードビーズは世界中に輸出されています。

COLUMN

世界を虜にする、日本のシードビーズ

シードビーズメーカーとして世界で知られる「MIYUKI」。
オリジナルへのこだわりから生まれたデリカビーズの秘密に迫ります。

MIYUKIの本社工場と、国内初のビーズ専門店「ビーズファクトリー」があるのは広島県福山市。1930年代株式会社MIYUKIは試行錯誤の末、「シードビーズ」を本格生産する会社としてスタートしました。創業以来オリジナルの色や形にこだわり研究を重ね、開発されたビーズの種類は1万種類を超えるそうです。その中のひとつが、代表的なシードビーズである「デリカビーズ」です。

株式会社MIYUKIの勝岡正剛代表取締役社長と勝岡健治常務にお話を伺いました。

19世紀にヨーロッパで大流行したビーズバッグに魅せられ、ビーズ織りのバッグ作りに適したビーズは出来ないものかと1980年に開発に着手されたそうです。その2年後に従来のビーズとは異なった、穴が大きく円筒形をした高品質なビーズを作ることに成功しました。その新しいビーズには、今までにはない均質で繊細なビーズという意味合いから、英語のDELICATE（繊細）をもじって「Delica Beads デリカビーズ」という名称がつけられました。美しい織り目の為に精巧に作られたデリカビーズは、アメリカなどの海外の作家に「品質の良さ」を認められて、ビーズステッチの作品などに好んで使われるようになりました。今では、織り、ステッチにとどまらずワイヤーワークなど様々な用途で世界中のビーダーから愛されています。

MIYUKIのビーズは80％が海外へ輸出されています。シードビーズのトップブランドとして世界で高い評価を受けているMIYUKI。自らサンプル帳を持って海外への販路をアグレッシブに築き上げた勝岡社長の、とことんモノヅクリを追求していく姿勢に感銘を受けました。

海外、そして日本でも話題の2ホールのTILAビーズの開発に10年間妥協しなかったお話や、これからの企画を少年のように目を輝かして語るお姿には、シードビーズへのなみなみならぬ愛情と、常に世界のビーダーにMIYUKIの美意識を発信していこうとする心意気を感じました。

工場を見学させていただいたのですが、今まで持っていた工場への既成概念が覆される程、隅々まで整理の行き届いた美しさにびっくりいたしました。こんなところからもMIYUKIの企業としての理念、商品やモノヅクリへの深い愛情とこだわりが伝わってきました。

機械だけではなく熟練された職人の手や目を通して一つ一つ生み出されていく「MIYUKIビーズ」。この輝きと品質が世界中のビーダーを幸せにするのです。

材料が買えるお店

本書掲載作品は、指定以外「ジュエリーワイヤー」を使用しています。
その他の材料は、基本的にひとつのお店で購入することができます。
お店の名前は、P40〜の各作品レシピページの右上に記載しています。

X-SENSE （P9, 12, 13, 24）

ビーズx-sense 駒込店
東京都北区田端4-6-1パレ ラ プラージュ1階
TEL:03-5832-9938
http://x-sense.jp/

COSJWE （P16）

コスジュエ
コスチュームジュエリーメイキング
専門のビーズ・パーツのネットショップ
http://www.cosjwe.net/

藤久 （P14, 15）

藤久株式会社
愛知県名古屋市名東区髙社1丁目210番地
TEL:0120-478-020
http://www.crafttown.jp/

ユザワヤ （P4, 5）

ユザワヤ蒲田店 10:00〜20:00
東京都大田区西蒲田8-23-5
全国62店舗
http://www.yuzawaya.co.jp/

貴和製作所 （P6, 8）

キラリト ギンザ店
11:00〜21:00
東京都中央区銀座1-8-19 キラリト ギンザ 5F
TEL:03-6264-4811

PARTS CLUB （P18, 19, 20）

http://www.partsclub.jp/
TEL：0120-46-8290

MIYUKI （P22, 23, 26, 27）

BEADS FACTORY
広島県福山市元町15番13号アルファビル6F
TEL:084-972-4947　FAX:084-973-2577
http://www.beadsfactory.co.jp
info@beadsfactory.co.jp

（五十音順）
店舗によりお取り扱いのない商品がある場合も
ございます。

ハンドメイドコスチュームジュエリーの基本

複雑そうに見えるコスチュームジュエリーですが、意外と少ない材料と道具でできるものもたくさん。
まずは基本のものをそろえてみましょう。

TOOLS AND MATERIALS

基本の道具

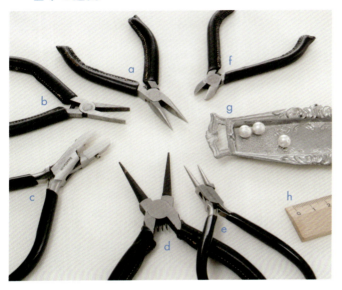

a: **平ペンチ**
先が平たいペンチ。ワイヤーやピン類をつかむ、曲げる、ボールチップをかしめる、つぶし玉をつぶすなど、様々な用途に。

b: **フラットノーズプライヤー**
先端の平たい面が広く、丸カンの開閉や太くて硬いワイヤーをしっかりつかむなどの作業に便利。

c: **ナイロンジョープライヤー**
ワイヤーが傷つかないよう、先端がナイロンでコーティングされている。曲がったワイヤーを伸ばすなど。

d: **丸ペンチ**
先端が丸いペンチ。ワイヤーを丸める。

e: **先細丸ペンチ**
丸ペンチのさらに先端の細いペンチ。より繊細に、小さく丸めることができる。

f: **ニッパー**
ワイヤーやピン類をカットする。カットしたい位置に、歯の面が揃っている方を向けてカットする。

g: **ビーズトレイ**
ビーズが転がらないように入れておく。

h: **定規**
ワイヤーやパーツの長さを測る。

ワイヤーとその他の道具

〈ワイヤー〉

〈その他の道具〉

〈ワイヤー〉

a: **ジュエリーワイヤー**
本物素材が贅沢に使われたワイヤー。銅線にカラーリングとコーティング（Colored Coating）を施す事により、酸化などの経年劣化による変色を防ぐ。

b: **スクエアワイヤー**
ジュエリーワイヤーの一種。断面が正方形。

c: **ヨーロピアンワイヤー**
スイス製で、エナメル加工による美しい艶感がある。ポリウレタンエナメル加工により、酸化、色落ち（退色）、金属アレルギーが起こりにくいワイヤー。

d: **ナイロンコートワイヤー**
表面がナイロンコーティングされているワイヤー。テグスよりも張りがあって丈夫。

〈その他の道具〉

a: **手回しドリル**
より線を作る道具。美しく均一にねじることができる。

b: **ピンバイス**
スクエアワイヤーをねじる際に使用。

c: **瞬間接着剤**
液状で、先端から1滴ずつ出てくるので、ピンポイントで付ける事が出来る。速乾性があるので、仮留めや、すぐに作業したい時などに便利。

d: **多目的接着剤**
完全硬化には1日かかるが、粘性が高いのでパーツを強力に接着したい時に最適。つまようじ等を用いると細かな作業もしやすい。

e: **クリスタルクレイ**
2種類のパテを混ぜることで硬化する。ビーズ等を埋め込んで使用。

f: **UVレジン液**
UVライトを当てると硬化するジェル。

WIRE TECHNIQUE

U字（平ペンチ）

1 ワイヤーを平ペンチではさむ。

2 平ペンチを持った手首を回転させ曲げ込む。

3 完成。

輪（丸ペンチ）

1 ワイヤーを丸ペンチではさむ。

2 丸ペンチを持った手首を回転させ、半分ほど曲げる。

3 ワイヤーを丸ペンチではさみ直し、先端がワイヤーに付くまで丸める。

4 完成。

直角（ナイロンジョープライヤーまたは平ペンチ）

1 ワイヤーをナイロンジョープライヤーまたは平ペンチではさむ。

2 工具の横に指を添え、ワイヤーを曲げる。

3 完成。

隙間のない渦巻き（先細丸ペンチ、フラットノーズプライヤーまたは平ペンチ）

1 先細丸ペンチでワイヤーの端に輪を作る。

2 フラットノーズプライヤーまたは平ペンチで輪をはさみ、輪に沿うように工具を回転させながら巻く。

3 ある程度の大きさになったら、指ではさんで巻く。

4 完成。

隙間のある渦巻き（丸ペンチ）

1 丸ペンチでワイヤーの端に輪を作る。

2 そのまま丸ペンチを持った手首を回し、巻きやすいようにペンチを持ち替えながら1〜2回巻く。

3 ある程度の大きさになったら、指ではさんで巻く。

4 完成。

丸カン、チェーンの開閉(平ペンチ)

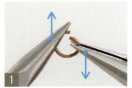

※フラットノーズプライヤーを使ってもよい。

1 平ペンチ2本ででで丸カンを前後に開く。左右に開かない。

つぶし玉(平ペンチ)

  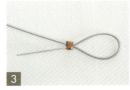

1 ナイロンコートワイヤーをつぶし玉に通し、折り返してもう一度通す。
2 平ペンチでしっかりとつぶす。
3 完成。

Tピン(丸ペンチ、ニッパー)

1 Tピンをビーズに通し、根元を指で直角に曲げる。
2 丸ペンチで根元に輪を作る。
3 余分をニッパーでカットする。
4 完成。
※ 強度を出したい場合は、ニッパーでカットする前に根元にピンを一周巻く。

メガネ留め(平ペンチ、丸ペンチ、ニッパー)

1 指定の長さに切ったワイヤーをビーズに通し、両端を逆の向きに指で直角に曲げる。
2 丸ペンチを斜めに持ち、奥側の刃の先端約1cmのところをワイヤーの直角部分に当てる。
3 丸ペンチではさむ。ワイヤーが持ち上がる。
4 ペンチを持った手首を返し、輪を作る。
5 左手でワイヤーを巻き込み、形を整える。

 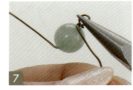   

6 形を整えたところ。
7 平ペンチで輪をはさみ、ワイヤーを輪の根元に手で2〜3回巻き付ける。
8 余分なワイヤーをニッパーでカットする。
9 ワイヤーの切り口を平ペンチで押さえ、整える。
10 反対側も同様にし、完成。

メガネ留めをつなぐ(平ペンチ、丸ペンチ、ニッパー)

1 ビーズにワイヤーを通し、丸ペンチで輪を作る。
2 メガネ留めしたパーツに1を通す。
3 平ペンチで輪をはさみながら、根元にワイヤーを2〜3回巻き付ける。
4 余りをニッパーでカットし、平ペンチで切り口を整える。反対側もメガネ留めをして、完成。

エコメガネ留め（平ペンチ、丸ペンチ、ニッパー）

1 メガネ留めでつなぐビーズを全て巻きから出したワイヤーに通す。

2 先端から3cmほどのところに丸ペンチで輪を作る。

3 メガネ留め同様に、根元にワイヤーを巻き、余分なワイヤーの処理をする。

4 ビーズを先端に移動させ、反対側もメガネ留めをした後にニッパーでカットする。

5 ワイヤーの先端から3cmほどのところに再度輪を作って、メガネ留めしたパーツに差し込む。

6 3〜4を繰り返しながら、メガネ留めをつなぐ。

※ ワイヤーをカットせずに作業をすることで、無駄なワイヤーを出さずにメガネ留めをつなぐことができる。

輪留め（平ペンチ、丸ペンチ、ニッパー）

1 丸ペンチでビーズのストッパーの役割をする輪を作る。

2 ビーズを通し、メガネ留めをする。

渦巻き留め（平ペンチ、先細丸ペンチ、ニッパー）

1 ワイヤーの先端から3cmほどの場所に先細丸ペンチで輪を作る。

2 平ペンチで輪を押さえながらワイヤーを巻く。

3 ニッパーで余分なワイヤーをカットする。

4 ビーズを通す。

5 反対側をメガネ留めして、完成。

より線（手回しドリル、または編み棒などの固い棒、ニッパー）

1. 椅子の脚などにワイヤーをかけて二つ折りにし、両端を合わせてねじる。
2. ねじったワイヤーを手回しドリルのフックに掛け、巻き付ける。
3. 手回しドリルのハンドルを回して、ワイヤーをねじる。
4. きつくねじれるまでハンドルを回し、完成。取り外すときはニッパーでカットする。
※ 編み棒などの固い棒を使用しても可。柱と棒にワイヤーを固定し、一方向に回してワイヤーをねじる。

スクエアワイヤーのより線（ピンバイス、平ペンチまたはフラットノーズプライヤー）

1. ピンバイスにワイヤーをセットし、平ペンチまたはフラットノーズプライヤーではさむ。
2. ピンバイスを回す。
3. しっかりとねじる。はさんだ箇所をカットして完成。
4. ピンバイスがなければ、平ペンチまたはフラットノーズプライヤーで代用可能。手首を返すようにねじってワイヤーをねじる。

手でよる

1. 中心にビーズを通してワイヤーを二つ折りにし、ねじり合わせたい長さでワイヤーをつまむ。
2. ビーズを回転させ、ワイヤーをねじる。
3. つまんだ箇所からビーズの際までしっかりとねじれ、ビーズが固定されたら完成。

※分かりやすいように過程のビーズの色を変えています

ビーディングボール（ニッパー）

1. 指定の長さにカットしたワイヤーをウッドビーズに通し、10cmほど出す。長い方のワイヤーにビーズを通して側面に沿わせ、ねじり合わせて固定する。
2. ワイヤーを2本いっしょに穴の中へ入れ、反対側へ出す。
3. 長い方のワイヤーにビーズを通し、ウッドビーズに沿わせる。
4. 穴に入れて反対側に出す。3〜4を繰り返す。

5. 巻き付け終わったら、余ったワイヤー同士をねじり合わせ、ニッパーでカットする。
6. 切り口を穴の中に入れ、完成。

タペストリーワーク・リーフ

※分かりやすいように過程のビーズの色を変えています

1. リーフパーツの穴にワイヤーを通し、一度ワイヤーを交差させて左右に流す。

2. ビーズをワイヤーに通し、上から下にかけるようにワイヤーを巻く。

3. リーフパーツの裏を通って逆サイドにワイヤーを出し、ビーズを通して上から下に巻く。

4. 同様にリーフパーツの裏を通って逆サイドにワイヤーを出し、ビーズを巻き付ける。

5. リーフパーツがビーズで埋まるように並べる。

6. 裏から見たところ。ワイヤーが対角線上に通っている。

7. 完成。

タペストリーワーク・フラワー（ニッパー）

※分かりやすいように過程のビーズの色を変えています

1. 指定の長さにカットしたワイヤーを、スカシパーツの中央付近の穴に差し込み、半分ほど引き出す。

2. ワイヤーにビーズを通す。

3. ビーズを整えながら、ワイヤーを反対側の穴に差し込む。

4. ワイヤーの向きが一定の方向になるように、スカシパーツに沿ってビーズを埋める。

5. 花弁1枚分が巻き終わったところ。

6. 残り半分のワイヤーで、対角線上の花弁も同じようにビーズを取りつける。

7. パーツを裏返し、ワイヤーの両端を中心で5mmほどねじり合わせ、残りをカットする。

8. 1〜7を繰り返して残りの花弁を埋め、完成。

35

石座に留め付ける（平ペンチ）

1 スワロフスキー・ファンシーストーンと、サイズに合った石座を用意する。

2 石座にファンシーストーンを乗せ、平ペンチで石座ごと上下にはさんでツメを倒す。

3 対角線上のツメを倒す。

4 残りのツメを倒して、完成。

トリミングストーン（ニッパー、瞬間接着剤）

1 石座にワイヤーを2本通す。

2 別に用意した太ワイヤーに、細ワイヤーでダイヤレーンの中心を巻き付けて固定する。

3 ダイヤレーンの隙間に細いワイヤーを巻き付け、固定する。端まで固定したら、反対側も同様に固定する。

4 両端は二重に巻いて固定する。

5 余分をニッパーでカットし、瞬間接着剤で固定する。

6 1に合わせて形を整え、太ワイヤーをねじり合わせる。

7 ダイヤレーンの下側からファンシーストーンをはめる。

8 石座に通したワイヤーを外側から巻き付け、固定する。

9 完成。残ったワイヤーは他のパーツを固定する際に使用する。

ビザンティンチェーン（平ペンチまたはフラットノーズプライヤー）

※分かりやすいように過程の丸カンの色を変えています

1 丸カンを2個ずつ、3組つなぐ。

2 cをaの方向に開く。

3 aとcを指で押さえながら、cが見えるようにbを開く。

4 bの間のcに、新たな丸カンa'を2個取り付ける。

5 正面から見たところ。

6 a'に対し、1と同じようにb'、c'をつなぐ。

7 2〜6を繰り返す。

8 完成。

古代編み（平ペンチまたはフラットノーズプライヤー、先細丸ペンチ）

※分かりやすいように過程のワイヤーの色を変えています

1 指定の長さにワイヤーをカットし、中心で折り曲げる。

2 両端を渦巻きにする。

3 平ペンチまたはフラットノーズプライヤーを使い、中央部分を後ろに折り曲げる（a）。

4 両端を渦巻きにしたパーツ（b）を作り、中央部分を後ろに直角に折り曲げる。

5 bをaに差し込む。

6 bの直角部分を折り込む。

7 4～6を繰り返し、完成。

Naomi Wave（平ペンチまたはフラットノーズプライヤー、先細丸ペンチ）

※分かりやすいように過程のワイヤーの色を変えています

1 ワイヤーの片側を渦巻きにし、後ろに輪を作る（a）。

2 別のワイヤーの半分ほどを渦巻きにする（b）。

3 aの中心にbを差し込む。

4 bの残り半分を渦巻きにする。

5 2～4を繰り返す。新たなbは矢印部分に差し込む。

6 完成。

UVレジン

1
レジンの中に入れるパーツとミール皿を用意する。

2
パーツを並べ、レジン液をミール皿に入れる。パーツとパーツの隙間がきちんと埋まるように注意する。

3
UVライトを3分ほど照射する。

4
完成。

クリスタルクレイ

1
電子秤でA剤とB剤が同量になるよう量る。

2
A剤とB剤が均一になるまで指で練り合わせる。

3
混ざったところ。

4
混ぜ合わせたクレイをミール皿などに乗せ、整える。

5
クレイにパーツを乗せ、しっかりと埋め込む。

6
正面から見たところ。

7
好きなパーツで飾る。1時間ほどすると硬化がはじまり、一昼夜で完全に硬化する。

〈ワイヤーについて〉
- 本書の作品は、MIYUKIジュエリーワイヤーで制作しています。（http://www.miyuki-beads.co.jp）
- ヨーロピアンワイヤーやアーティスティックワイヤーといった、その他の製品でも制作可能です。
- #22、#28等はワイヤーの太さを表しており、数字が小さいほど太くなります。

MADEMOISELLE NECKLACE
マドモワゼル ネックレス

ユザワヤ

size：76cm（チェーン部分）

道具	基本道具セット

材料　◆ワイヤー
　　　　・#22ゴールド／92cm

　　　◆ビーズ・金具
　　　ファッションチャーム 10-1200
　　　A：No.2／ブラック／フラワー／20mm…1個
　　　B：No.3／ホワイト／フラワー／20mm…1個
　　　C：No.7／ブラック・ホワイト／ハイヒール／30mm…1個

　　　スワロフスキー・クリスタル
　　　D：クリスタル／#5050／22×16mm…1個
　　　E：ジェット／#5050／22×16mm…1個
　　　F：ジェット／#5621／18mm…1個
　　　G：ブラックダイヤ／#5621／14mm…1個
　　　H：クリスタル／#5621／14mm…1個
　　　I：ジェットヘマタイト／#5000／14mm…1個
　　　J：クリスタル・ダークグレー・パール #5810／10mm…3個
　　　K：アルミチェーン No.1／ゴールド／9×12mm…50cm
　　　L：　　　　　No.2／ゴールド／14×19mm…50cm
　　　M：デザイン丸カン 72669／ゴールド／1.6×15.5mm…2個
　　　N：丸カン 0-06／ゴールド／6mm…3個
　　　O：ツイードリボン 64717／ブラック×アイボリー／1cm…100cm

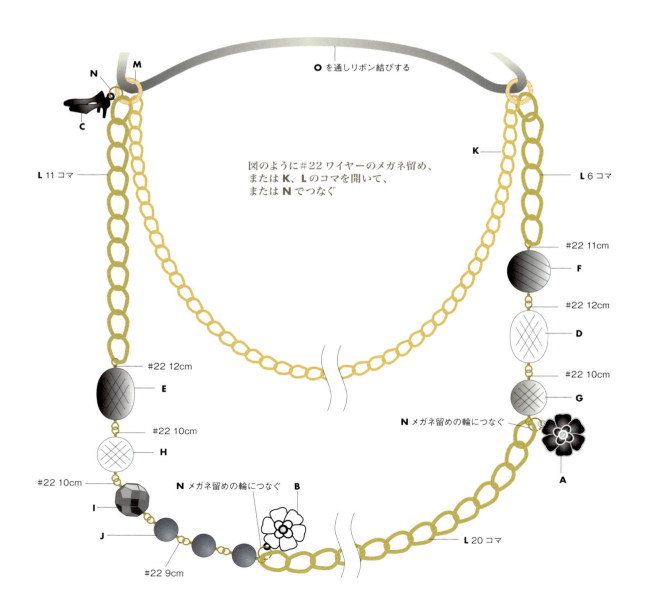

Oを通しリボン結びする

図のように#22ワイヤーのメガネ留め、
または K、Lのコマを開いて、
または N でつなぐ

L 11コマ　　L 6コマ
#22 11cm — F
#22 12cm — D
#22 10cm — G
N メガネ留めの輪につなぐ — A
#22 12cm — E
#22 10cm — H
#22 10cm — I
J
N メガネ留めの輪につなぐ — B
#22 9cm
L 20コマ

MODE BARRETTE
モード バレッタ

ユザワヤ

size:10cm

道具	基本道具セット／多目的接着剤

材料 ◆ ビーズ・金具

ファッションチャーム 10-1200
- **A**：No.8／ブラック／ハイヒール／28mm…1個
- **B**：No.5／ブラック／ジャケット／20×27mm…1個
- **C**：No.18／ナンバー&フラワー／15×13mm…1個

スワロフスキー・クリスタル
- **D**：ブラックダイヤ／#2493／10mm…3個
- **E**：クリスタル／#2493／10mm…3個
- **F**：ジェット／#2493／10mm…3個

- **G**：バレッタ／ゴールド／10cm…1個
- **H**：アルミチェーン No.3／ゴールド／9×10mm…10cm（15コマ）
- **I**：丸カン 0-06／ゴールド／6mm…4個

❶ GにD〜Fを多目的接着剤で貼りつけ、Hをつなぐ

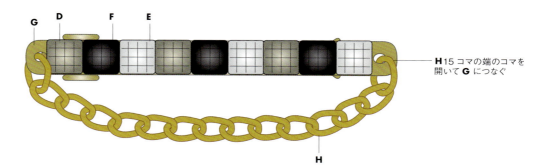

H15コマの端のコマを開いてGにつなぐ

❷ IでA〜CをHにつなぐ

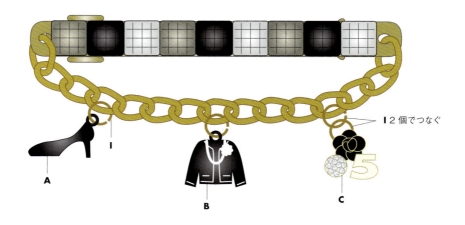

I 2個でつなぐ

41

PURPLE BROOCH
パープル ブローチ

貴和製作所

size: 5 × 5cm

道具	基本道具セット／瞬間接着剤／ボールペン、編み棒など

材料
- ◆ワイヤー
  - ・#22シルバー／15cm
  - ・#28シルバー／324cm
- ◆ビーズ・金具
  - スワロフスキー・クリスタル
  - A：タンザナイト（F）／#4320／18×13mm…4個
  - B：スモーキーモーブ（F）／#4228／15×7mm…4個
  - C：ローズウォーターオパール／#1088／SS39…1個
  - D：CRY.アンティークピンク（F）／#4320／8×6mm…8個
  - E：クリスタル・ホワイト・パール #5810／5mm…8個
  - F：　　　　　　　　　　　　　／3mm…16個
  - G：ドイツ製スカシパーツ／ロジウムカラー／ラウンド 大…2個
  - H：石座／ロジウムカラー／#4320／18×13mm…4個
  - I：　　　　　　　　　　／#4228／15×7mm…4個
  - J：　　　　　　　　　　／#4320／8×6mm…8個
  - K：石座付ボタン／クリスタル（ロジウムカラー）／#1088／SS39…1個
  - L：回転ピン／ニッケル／No.59…1個

❶ **G**にワイヤーで**A**を合計4個留めつける

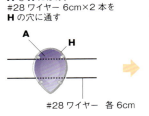

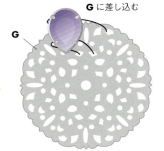

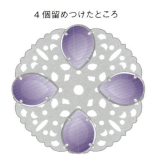

❷ 同様に**B**を4個留めつける

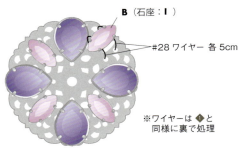

❸ 同様に**D**を8個留めつける

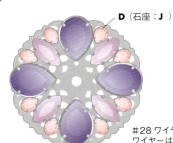

❹ #22ワイヤーのコイルを作り、**C**をはめた**K**にワイヤーを巻きつけ、**G**の中央に留めつける

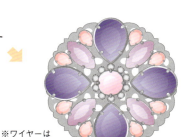

❺ **E**を8個留めつける

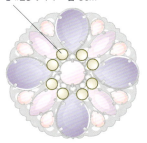

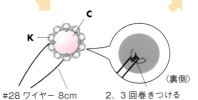

42

❻ 外周に F を 16 個留めつける ❼ もう 1 枚の G に L を取りつけ、❻と外表に合わせて 2 枚をワイヤーで巻き留める

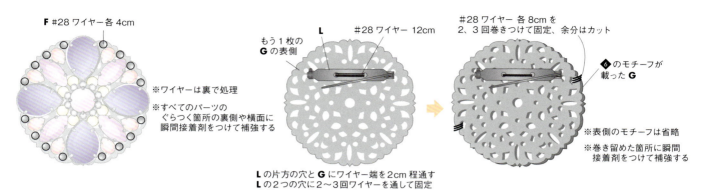

PEARL NECKLACE
パールネックレス

photo page 6

貴和製作所

size:60cm

道具	基本道具セット／瞬間接着剤／クリップまたはマスキングテープ

材料
- ナイロンコートワイヤー
  ・0.4mm グレー／160cm
- ビーズ・金具
  スワロフスキー・クリスタル
  A：クリスタル・ホワイト・パール #5810／10mm…45個
  B：　　　　　　　　　　　　　　／6mm…67個
  C：クリスタル・ホワイト・パール #5810／3mm…44個
  D：クリスタル／#5328／3mm…66個
  E：メタルリングパーツ／ロジウムカラー／グレイン ラウンド／25mm…2個
  F：つぶし玉／ロジウムカラー／1.5mm…4個
  G：バイヤスシルクリボン／プレジャー／38mm…100cm

❶ ワイヤーの端から 5cm 程のところにクリップまたはマスキングテープなどで仮留めし、図のようにビーズを通したものを 2 本作る

❷ 両端にそれぞれ F を通し、E に通して固定する

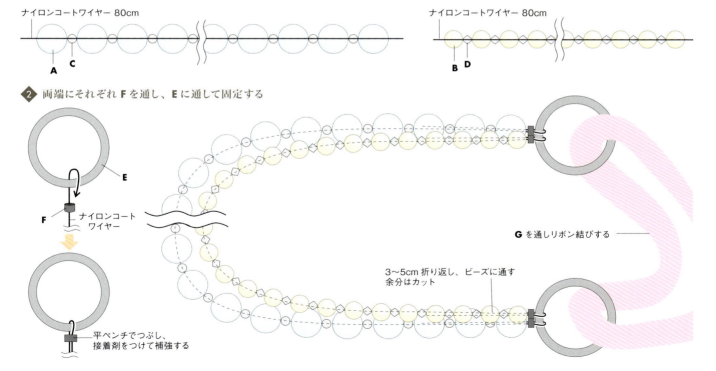

MARINE PENDANT
マリンペンダント

photo page 8

貴和製作所

size：70cm

道具	基本道具セット
材料	◆ワイヤー ・#22ゴールド／8cm ◆ビーズ・金具 スワロフスキー・クリスタル A：クリスタル／#6727／18mm…1個 B：クリスタル(F)／#4745／10mm…1個 C：浮き輪チャーム（作家私物）…1個 D：イカリ／マットゴールド…1個 E：アメリカ製プレスチャーム シーホース／真鍮C…1個 F：石座／ゴールド／#4745／10mm…1個 G：チェーン／ゴールド／IR260L／70cm H：丸カン／ゴールド／1.2×8mm…2個 I：　　　　　　／0.8×5mm…1個

❶ G70cmをメガネ留めでつないで輪にする

❷ HとIでチャームを取りつける

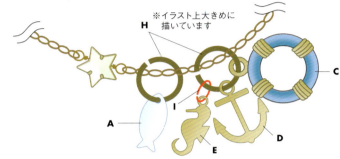

STAR PENDANT
スターペンダント

photo page 8

貴和製作所

size：80cm（トップ 36×29mm）

道具	基本道具セット／瞬間接着剤／多目的接着剤
材料	◆ワイヤー ・#22ゴールド／10cm ・#28ゴールド／114cm ◆ビーズ・金具 スワロフスキー・クリスタル A：モンタナ(F)／#4320／18×13mm…1個 B：クリスタル(F)／#4745／10mm…3個 C：エアーブルーオパール／#1088／SS29…2個 D：CRY.パウダーブルー／#1088／SS29…2個 E：ホワイト／パール #5810／5mm…2個 F：　　　　　　　　　　　／4mm…2個 G：　　　　　　　　　　　／3mm…4個 H：LT.サファイヤ(F)／#4501／7×3mm…1個 I：ホワイトオパール／#1088／PP24…1個 J：クリスタル／#6714／20mm…2個 K：ドイツ製スカシパーツ2（カン付き）／ゴールド／ドロップ／36×29mm…2個 L：石座／ゴールド／#4320／18×13mm…1個 M：　　　　　　　／#4745／10mm…3個 N：　　　　　　　／#1028／SS29…4個 O：デザインAカン石座付／ゴールド／レクタングル…1個 P：連爪チェーン／クリスタル(ゴールド)／#100…22コマ Q：チェーン／ゴールド／IR210…80cm R：丸カン／ゴールド／1.2×8mm…2個

❶ Pをワイヤーで巻きつけて固定する
　トリミングストーンの作り方→P36

❷ ワイヤーを裏側へ折り曲げる

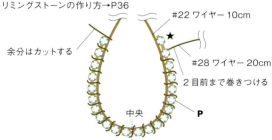

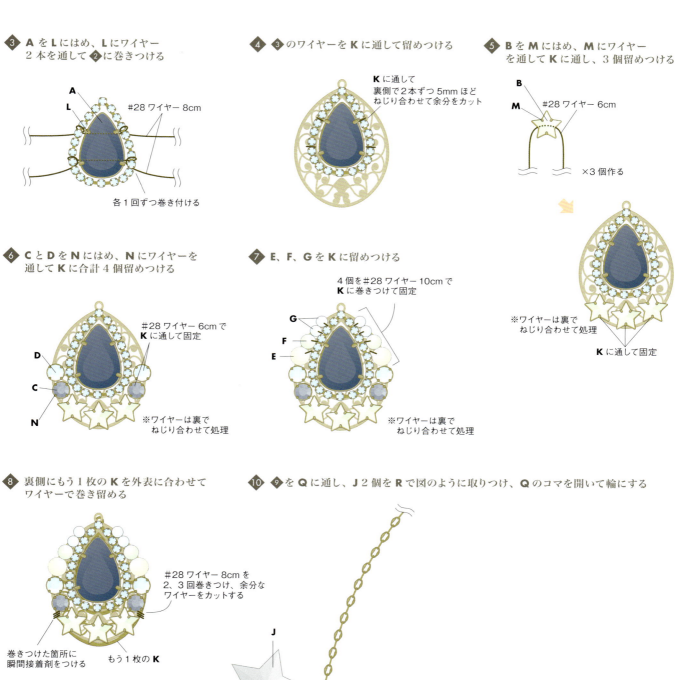

SPARKLE NECKLACE
スパークル ネックレス

X-SENSE

photo page 9

size : 46cm

道具	基本道具セット／瞬間接着剤

材料　◆ワイヤー
　　　　・#28シルバー／80cm

　　　◆ビーズ・金具
　　　　スワロフスキー・クリスタル
　　　　A：クリスタル（ホイールバック）／リボリ #1122／16mm…1個
　　　　B：クリスタルムーンライト（ホイールバック）／#4320／14×10mm…2個
　　　　C：クリスタルシルバーシェード（ホイールバック）／#4470／10mm…4個
　　　　D：ホワイトオパール（ホイールバック）／#4228／5×10mm…4個
　　　　E：カットガラス 6-5004／クリア／ボタンカット／3×4mm…4個
　　　　F：ミール1カン付ペンダント 08448／オリエンタルシルバー／20mm…1個
　　　　G：石座 72409／シルバー／10×5mm…4個
　　　　H：　 72419／シルバー／14×10mm…2個
　　　　I：　 72453／シルバー／10mm…4個
　　　　J：ダイヤレーン D100／シルバー／2mm…19コマ
　　　　K：ボールチェーンダイヤカット 09954／シルバー／1mm…6cm
　　　　L：フックパーツ 08368／古代銀／18×15mm…1組
　　　　M：丸カン 72669／マットシルバー／1.6×13.5mm…29個
　　　　N：丸カン／マットシルバー／1.2×8mm…30個
　　　　O：　　　／1.0×5.5mm…1個
　　　　P：クリスタルクレイ／シルバー／A剤・B剤…各1.5g

※最初に B・C・D はそれぞれ G・H・I にはめて、爪を倒してセットしておく

❶ C にワイヤーを通し、M に巻きつけて固定する

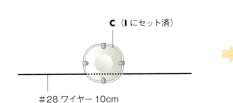

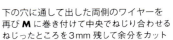

下の穴に通して出した両側のワイヤーを
再び M に巻き付けて中央でねじり合わせる
ねじったところを3mm残して余分をカット

端を I のくぼみに隠す
巻きつけた箇所に瞬間接着剤をつける

×4個作る

❷ B・D・E にワイヤーを通し、M に巻きつけて固定する

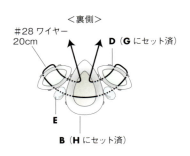

※端は H のくぼみに隠す
　巻きつけた箇所に瞬間接着剤をつける

×2個作る

M に巻きつけて再び G と H の穴を中央へ戻り、
M に巻きつけてからワイヤー同士をねじり合わせる
ねじったところを3mm残して余分をカット

③ **P**のA剤とB剤の2種類をよく練り合わせ、**F**にのせ、パーツを順に置いて固定する
クリスタルクレイの使い方→P38

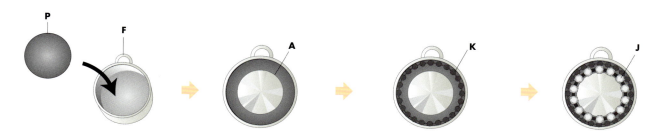

④ すべてのパーツを**M**と**N**と**O**でつなぐ

photo page 12

NAOMI WAVE BRACELET
ナオミウェーブ ブレスレット

X-SENSE

size：17～20cm

道具	基本道具セット／ピンバイス

材料	◆ワイヤー	◆ビーズ・金具
	・#18シルバー／スクエア／120cm ・#22シルバー／22cm	ヴェネチアンビーズ **A**：ライトブルー 03983／スフェラ／14mm…1個 **B**：パープル 03019／ツイストボール／8mm…2個 **C**：ピンク 03972／スフェラ／11mm…1個 **D**：アジャスター 72021／古代銀…1個 **E**：カニカン 72213／古代銀／8×15mm…1個

① #18スクエアワイヤーをねじり、Naomi Waveでつなぐ
Naomi Waveの作り方→P37

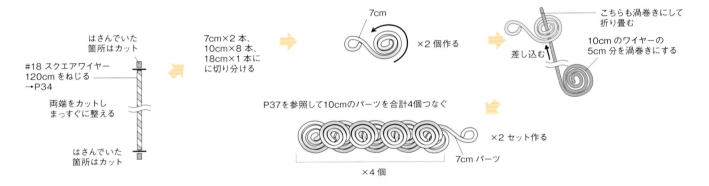

② ねじったワイヤー18cmにビーズを通し、①をつなぐ

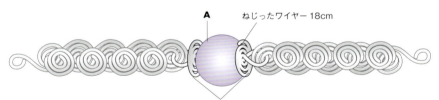

ワイヤーの中心に**A**を通し、両端に輪を作る。残りのワイヤーはビーズのカーブに沿って渦巻きにする。

③ #22ワイヤーで図のようにつなぐ

photo page 12

ROAD TO ANCIENT BRACELET
古代編み ブレスレット

X-SENSE

size : 16～21cm

道具	基本道具セット／ピンバイス

材料
- ◆ワイヤー
  - #21 ゴールド／スクエア／170cm
- ◆ビーズ・金具
  - ヴェネチアンビーズ
    - **A**：ジャスパーグリーンwithゴールド（ヴェナントアベンチュリーノ）03465／レンテ／21mm…1個
    - **B**：ライムイエロー 03960／ナツメ／15×12mm…2個
    - **C**：グリーン（キャンディー）03676／スフェラ／10mm…1個
- **D**：アジャスター 72215／薄金…1個
- **E**：カニカン 72213／薄金…1個

1 スクエアワイヤーをねじり、古代編みでつなぐ
古代編みの作り方→P37

※実際はねじったワイヤーで作りますがイラスト上省略しています。

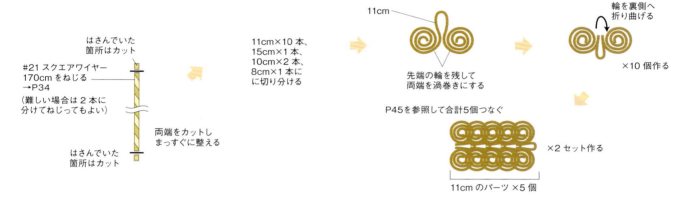

2 ねじったワイヤー15cmにAを通し、①をつなぐ

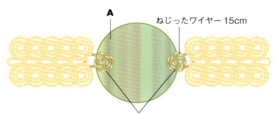

3 残りのねじったワイヤーで図のようにつなぐ

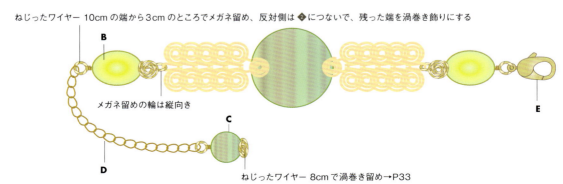

photo page 13

AMORE DI VENEZIA NECKLACE

アモーレ・ディ・ヴェネチア ネックレス

X-SENSE

size：9cm × 7cm（トップ部分）

道具	基本道具セット／瞬間接着剤／多目的接着剤

材料 ◆ワイヤー
- #20 ゴールド／20cm
- #22 ゴールド／216cm
- #28 ゴールド／260cm

◆ビーズ・金具
ヴェネチアンビーズ
- A：ソンメルソオロロット 03897／パープルピンク／ドロップ／33×23mm…1個
- B：カボションフラワー 03949／ピンク／大…1個
- C：　　　　　　　　　03950／アメジスト／小…1個
- D：　　　　　　　　　03952／ブルー／小…1個
- E：アメジスト 03971／スフェラ／11mm…1個
- F：ライトブルー 03976／スフェラ／11mm…1個
- G：インカミチャートアヴェンチュリーナ 03901／ライトパープル／スフェラ／8mm…1個
- H：ホワイト×ライトブルー 03927／ピスティロ／9×7mm（ピン約6cm）…1個
- I：トパーズ×イエロー 03926／ピスティロ／9×7mm（ピン約6cm）…1個

コットンパール
- J：キスカ 66330／12mm…6個
- K：　　　 66329／10mm…12個
- L：　　　 66328／8mm…6個
- M：スリーカットビーズ 01625-02／パール／キスカ…336個
- N：ダイヤパーツ 3035SS16／ローズモンテ／クリスタル（ゴールド）／4mm…3個
- O：スカシパーツ 08352／古代金／49mm…2個
- P：6花弁スカシ 09130／ゴールド／43mm…1個
- Q：12弁花 09762／マットゴールド／25mm…1個
- R：ローズモンテ入りミルククラウン大 09641／マットゴールド／16mm…1個
- S：ミルククラウン 09638L／ゴールド／12mm…1個
- T：イタリア製リーフパーツ 08413／マットゴールド／19×41mm…1個
- U：枝 09657／マットゴールド／36mm…1個
- V：リーフ 09655／マットゴールド／18×22mm…1個
- W：2枚リーフ 09652／マットゴールド／16×22mm…1個
- X：フラワー 09653／マットゴールド／22mm…1個
- Y：台座付フラワー 09764／マットゴールド／14mm…3個
- Z：キク（3重）09669／マットゴールド／17mm…2個
- α：デザインクラスプ 4-3250／ゴールド／18mm…1組

① #28 ワイヤー 45cm×3 本でフラワーを作る　　タペストリーワーク・フラワーの作り方→P35

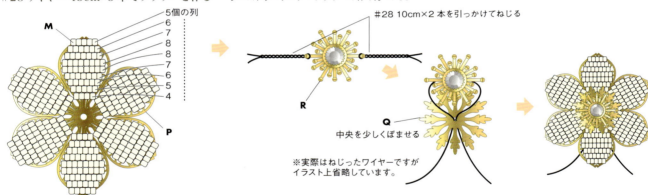

② O に B、C、D を多目的接着剤で貼りつける

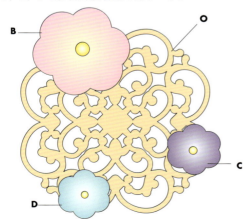

③ #28 ワイヤー各 8cm を図のように各パーツに取りつける

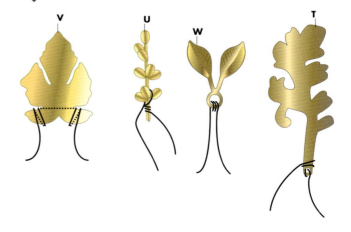

④ #28 ワイヤー各 8cm を図のように各パーツに取りつける

N
Y
×3個

G
S
X

E
Z

F
Z

⑤ #28 ワイヤーを各パーツに取り付ける

ワイヤー 15cm をコイル状に巻きつける

I
H

ワイヤー 10cm をコイル状に巻きつける

α に多目的接着剤で貼る

裏面に外表にもう 1 枚の O を合わせ、ワイヤーを巻いて固定する
余分はカットして巻きつけた箇所に瞬間接着剤をつける

⑥ O に各パーツを留めつける

2本を裏側でねじり合わせて固定

U
H
I
Y
V
G
Y
W
E
Y
T

すべてのパーツはワイヤーを数本ずつ裏側で 5mm ほどねじり合わせ、余分をカットぐらぐらする箇所は接着剤で補強する

ワイヤー各 8cm

【表面】

※表側のパーツイラスト省略

【前面】

A

#20 20cm で渦巻き留め、上端も残った端を渦巻き飾りにする

⑦ O に #22 ワイヤーでメガネ留めまたはエコメガネ留めをしてパーツをつなぐ

F

L 各 8cm でメガネ留め

6個

6個

※表側のパーツイラスト省略

K 各 9cm でメガネ留め

J 各 10cm でメガネ留め

51

photo page 14

WONDERLAND NECKLACE
ワンダーランド ネックレス

藤久

size : 60cm

| 道具 | 基本道具セット／UVライト／ピンバイス |

材料
◆ワイヤー
・#21 ビンテージブロンズ／スクエア／40cm
・#22 ビンテージブロンズ／264cm

◆ビーズ・金具
ホーニングパール
A：ゴールド／12mm…6個
B：　〃　／10mm…12個
C：　〃　／8mm…12個
D：チャーム／懐中時計 小／金古美／22×17mm…1個
E：メタルチャーム／トランプ／金古美／25×10mm…1個
F：メタルチャーム／鍵／金古美…1個
G：ペンダントトップ 大／金古美／30×40mm…1個
H：真鍮カニカンM／金古美…1個
I：アジャスター細／金古美／6cm…1個
J：UVレジン液 59813…適量
K：UVレジン用 色あざやかシート／ニュースペーパー…1枚
L：シェルパウダー 10-683／ホワイト…適量
M：シェルパウダー 10-686／グリーン…適量
N：ミックスグリッター／ゴールド…適量
O：ラメグリッター／ゴールド…適量

1 スクエアワイヤーをねじって渦巻きパーツを作り
Gに各パーツを載せてJで固める

UVレジンの使い方→P38

#21 スクエアワイヤー
40cmをねじって
8cm×2本、
7cm×2本、
5cm×2本、
に切り分ける

8cm　7cm　5cm

×2個　×2個　×1個

※実際はねじったワイヤーですが
　イラスト上省略しています。

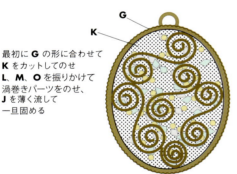

最初にGの形に合わせて
Kをカットしてのせ
L、M、Oを振りかけて
渦巻きパーツをのせ、
Jを薄く流して
一旦固める

※パーツは自由に配置しましょう

DとEをのせて
Nを振りかけて
Jを流して固める

※EのカンはあらかじめニッパーでカットD、の丸カンは外しておく

2 全体をメガネ留めでつなぐ

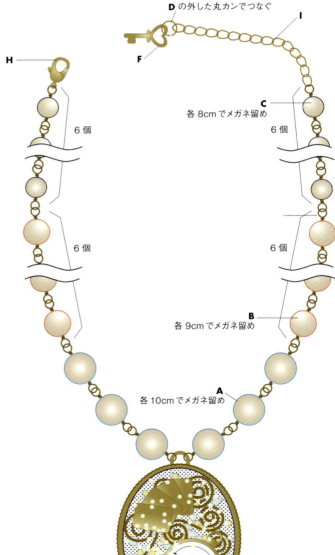

Dの外した丸カンでつなぐ

各8cmでメガネ留め
6個
6個
各9cmでメガネ留め
各10cmでメガネ留め

52

NATURAL LACE CHOKER
ナチュラルレース チョーカー

藤久

size：36cm～42cm

道具	基本道具セット／UVライト

材料　◆ワイヤー
　　　・#22シルバー／107.5cm

　　　◆ビーズ・金具
　　　天然石
　　　A：アマゾブルーストーン／8mm…3個
　　　B：　　　　　　　　　／6mm…6個
　　　C：グリーンフローライト／8mm…3個

　　　スワロフスキー・クリスタル
　　　D：クリソライト／#5000／6mm…3個
　　　E：ジャンキル／#5000／6mm…3個

F：ミニフレーム／シルバー／ひし型／17×10mm…5個
G：チャーム PA30058／シルバー／クラウン／12×10mm…1個
H：ひも止め金具／シルバー／20mm…2個
I：真鍮カニカンM／シルバー…1個
J：アジャスター細／シルバー／6cm…1個
K：Tピン細／シルバー／45mm…6個
L：丸カン／シルバー／0.8×5mm…6個
M：UVレジン液…適量
N：ラメグリッター／シルバー…適量
O：シェルパウダー 10-684／ライトピンク…適量
P：レーストーション／ナチュラル／24mm…28cm

① #22 ワイヤーを3.5cm×5本カットし、渦巻きパーツを作る

×5個

② F に N と O を振りかけ ① をのせて M を流して固める
UVレジンの使い方→P38

×5個

③ P の両端に H を取りつける

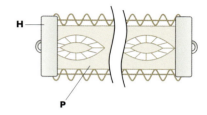

④ ③ に L または#22 ワイヤーでパーツをつなぐ

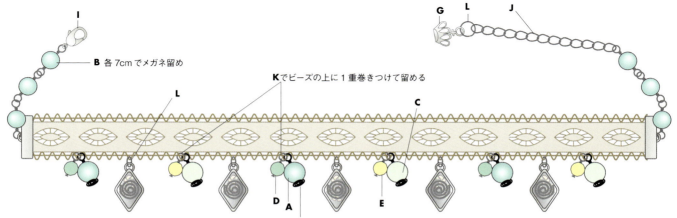

B 各7cmでメガネ留め

K でビーズの上に1重巻きつけて留める

#22 各8cmで端から2.5cmを渦巻き留め→P33

HAPPY LADYBUG NECKLACE

ハッピーレディーバグ ネックレス

COSJWE

size：50〜55cm

道具	基本道具セット／多目的接着剤

材料
- ◆ワイヤー
  - ・#28コパー／200cm
  - ・#22コパー／5cm
  - ・ナイロンコートワイヤー 0.4mm／ゴールド／80cm
- ◆ビーズ・金具
  チェコビーズ
  - A：ロレッタ／シャムルビー／14×13mm…12個
  - B：ファイアポリッシュ／シャムルビーオパール／ラウンドカット／12mm…1個
  - C：プレスビーズ／シャムルビー（クラックル）／10mm…2個
  - D：　　／マットルビー／ダガー／5×16mm…28個
  - E：　　／ドロップ／6×9mm…20個
  - F：プレスビーズ／フューシャ・ホワイト／オーバル／11×9mm…20個
  - G：　　／マットダークトパーズ／8mm…22個
  - H：　　／オペークレッド／テントウムシ／9×7mm…2個
  - I：チェコシードビーズ／マットブラウニッシュレッド／3mm…24個
  - J：　　／オペークダークレッド／2.2mm…50個
  - K：ボヘミアングラスボタンNo.6／ラウンド／27mm…1個
  - L：スカシパーツ CM-24-ACB-SC／マットアンティークカパー／フラワー／24mm…3個
  - M：カニカン／アンティークカパー…1個
  - N：アジャスター／アンティークカパー…1個
  - O：丸カン／アンティークカパー／1×6mm…6個
  - P：つぶし玉／アンティークカパー／1.5mm…4個

1. パーツAを作る
   LにAを留めつける

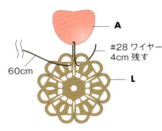

2. 合計6個を留めつける

3. 2段目を留めつける

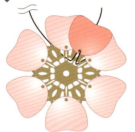

4. 合計6個を留めつける

5. 中央にくるようにBを通し、Iを24個通す

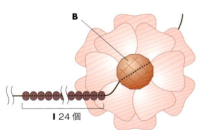

6. 1個目のIにもう一回ワイヤーを通し輪にする

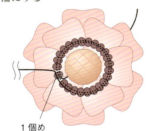

7. Iの輪を縫いつけるようにワイヤーで2カ所固定する

8. Hを通して固定

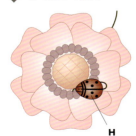

9. ワイヤーを図のように処理し、Lの裏側を多目的接着剤でコーティングする
   ※フェルトなどを貼ったり、UVレジンでコーティングしてもよい

10. パーツBを作る
    ワイヤーの中心にDを14個通す

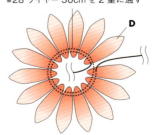

⓫ Lにワイヤーを通し、両端のワイヤーで2カ所ずつ⓾のワイヤーを固定していく

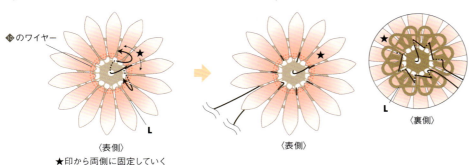

⓬ ワイヤーを図のように処理する

ワイヤーをねじり合わせ
余分はカットしてLに差し込む

⓭ ワイヤーの中心にEを10個通す

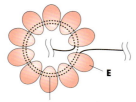

#28 ワイヤー 40cmを2重に通す

⓮ 片側のワイヤーにCを通す

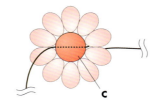

⓯ 図のようにJを25個を通し輪にする
片側のワイヤーは⓬のLに通す

J 25個

⓰ 3カ所をワイヤーで固定する

⓱ ワイヤーを図のように処理し、
Lの裏側を多目的接着剤で
コーティングする

※フェルトなどを貼ったり、
UVレジンでコーティングしてもよい

ワイヤーをねじり合わせ
余分はカットしてLに差し込む

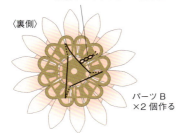

パーツB
×2個作る

⓲ Oで図のようにつなぐ

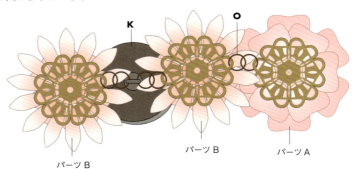

パーツB   パーツB   パーツA

⓳ 図のようにつなぐ

ナイロンコートワイヤー各40cmに
G11個とF10個を交互に通す

Pつぶし玉の処理→P40

#22 ワイヤー 5cmで輪留め

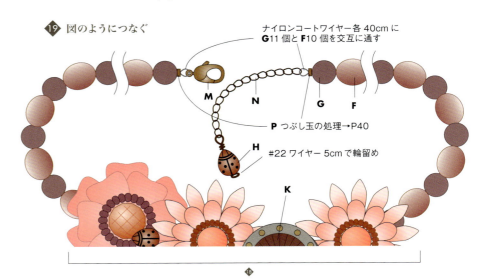

55

HAPPY LADYBUG BRACELET
ハッピーレディーバグ ブレスレット

COSJWE

size：20cm ～ 25cm

道具	基本道具セット／瞬間接着剤

材料
- ◆ワイヤー
  - ・#28 コパー／50cm
  - ・#22 コパー／139cm
- ◆ビーズ・金具
  チェコビーズ
  - A：プレスビーズ／フューシャ／フラワー／10mm…4個
  - B：　　　　　　／オペークレッド／テントウムシ／9×7mm…2個
  - C：ガラスパール／ボルドー／巻貝／6mm…2個
  - D：チェコシードビーズ／マットブラウニッシュレッド／3mm…24個
  - E：　　　　　　／オペークダークレッド／2.2mm…4個
  - F：スカシパーツ CMA-CHRMC29-T／アンティークカッパー／スクエア／15×15mm…5個
  - G：メタルプラスチック MP25-63／アンティークカパー／デイジー／6×6×3mm…4個
  - H：メタルプラスチックスペーサー MP73-08／7×8mm…12個
  - I：カニカン／アンティークカパー…1個
  - J：アジャスター／アンティークカパー…1個

❶ 花パーツを作る。
#28 ワイヤーの中心に E を通し、G、A、F を通す。

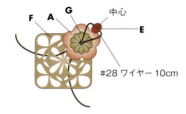

❷ ワイヤーを上側に出してねじり合わせる。余分はカットしてパーツの中に隠す。瞬間接着剤をつける。合計4個作る。

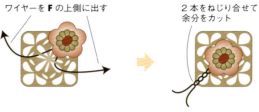

❸ てんとう虫パーツも同様に作る。

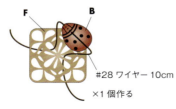

❹ #22 ワイヤーで図のようにつなぐ

BYZANTINE BRACELET

photo page 18

ビザンチン ブレスレット

PARTS CLUB

size：17～22cm

|道具|基本道具セット|

材料
- ◆ワイヤー
  - ・#22ゴールド／212cm
- ◆ビーズ・金具
  - A：練りターコイズ／8mm／ST-00869-97 …2個
  - B：　　　　　／ラウンドカット／6mm／ST-00796-79…1個
  - C：　　　　　／ボタンカット／4×6mm／ST-01431-27…15個
  - D：マザーオブパール／6mm／MP-00099-WH…13個
  - E：白サンゴ（ピンク染）／ラウンドカット／4mm／MP-00333-2…1個
  - F：カニカン／マットゴールド／PC-300104…1個
  - G：アジャスター／マットゴールド／PC-300109…1個
  - H：Tピン／マットゴールド／0.6×30mm…2個
  - I：丸カン／マットゴールド／1.2×7mm…100個

❶ Iでビザンチンパーツを2個作り、間をメガネ留めでつなぐ
ビザンチンパーツの作り方→P36

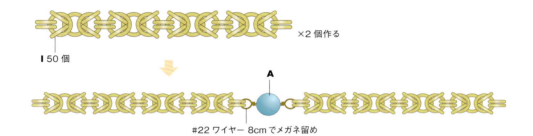

❷ メガネ留めまたはエコメガネ留めで2連作る、両端は輪を開けておく

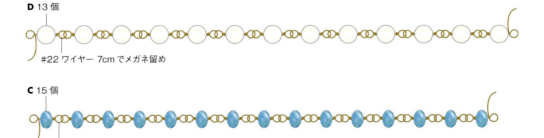

❸ ❶と❷をつなぎ、GのアジャスターテールをはずしてTピンパーツをつなぐ

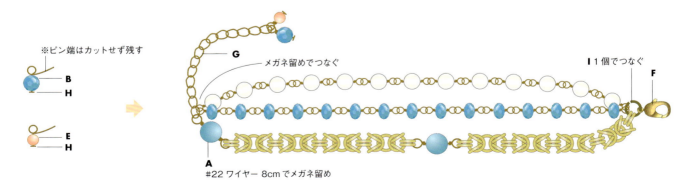

WRAP BRACELET
ラップ ブレスレット

PARTS CLUB

size：18cm

道具	基本道具セット／瞬間接着剤

材料　◆ワイヤー
・#28 ゴールド／80cm
・#30 ゴールド／100cm

◆ビーズ・金具
A：練りターコイズ／ラウンドカット／4mm／ST-00795-39…18個
B：　　　　　／3mm／ST-00872-14…約64個
C：白サンゴ／ラウンドカット／4mm／MP-00333-1…4個
D：白サンゴ（ピンク染）／ラウンドカット／4mm／MP-00333-2…6個
E：　　　　　／3mm／MP-00332-2…約32個
F：ボタンパーツ／ゴールド／PT-302453…1個
G：メタルビーズ／マットゴールド／PC-301373…48個
H：ボヘミアンビーズ／ゴールド／丸小／CB-18581…約84個
I：革ひも／茶／WD-00436／1.5mm×100cm
J：丸カン／マットゴールド／1.2×8mm…4個

❶ ボタンホールを作り、端の飾りを巻きつける

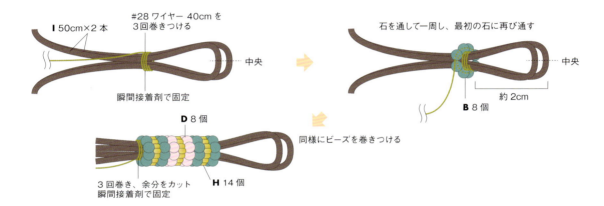

❷ 革ひもにビーズを留めつけ、2本を交差して固定し、端の飾りを巻きつける

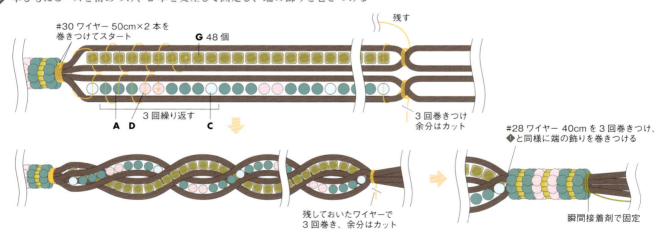

❸ Fをつける　　❹ Jをつける

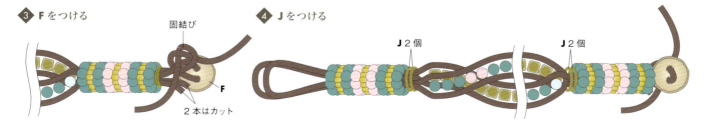

BYZANTINE NECKLACE
ビザンチン ネックレス

PARTS CLUB

photo page 19

size:70cm

道具	基本道具セット／ピンバイス／瞬間接着剤

材料
◆ワイヤー
- #21 ゴールド スクエア／50cm
- #22 ゴールド／286cm
- #30 ゴールド／20cm

◆ビーズ・金具
- **A**：練りターコイズ／ドロップ／22×31mm／ST-02660-01…1個
- **B**：　〃　／8mm／ST-00869-97…6個
- **C**：　〃　／ボタンカット／5×8mm／ST-00855-18…16個
- **D**：　〃　／ラウンドカット／6mm／ST-00796-79…2個
- **E**：白サンゴ／ラウンドカット／6mm／MP-00334-1…18個
- **F**：白サンゴ（ピンク染）／ラウンドカット／4mm／MP-00333-2…2個
- **G**：カニカン／マットゴールド／PC-300104…1個
- **H**：アジャスター／マットゴールド／PC-300109…1個
- **I**：Tピン／マットゴールド／0.6×30mm…4個
- **J**：丸カン／マットゴールド／1.2×7mm…156個

1 Jでビザンチンパーツを6個作り、間をメガネ留めでつなぐ。
ビザンチンパーツの作り方→P36

2 #21スクエアワイヤーをねじり、3本に切り分ける
フレーム用のワイヤーの端から10cmのところに輪を作り、石に沿わせてフレームを作る

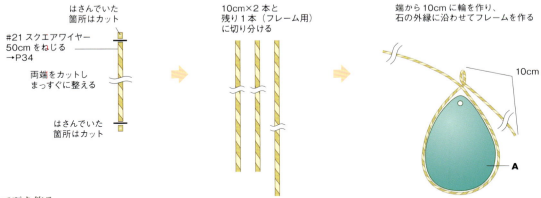

3 続けてワイヤーで石を飾る

④ ❷でねじっておいた10cm×2本を
S字渦巻きに曲げる
#30ワイヤーでフレームに2カ所巻き留める
反対側も同様に巻き留める

⑥ 全体をメガネ留めでつなぎ、Hの先とトップにTピンパーツをつなぐ

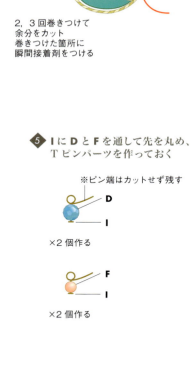

⑤ IにDとFを通して先を丸め、
Tピンパーツを作っておく

photo page 20

PETITE FLEUR EARRINGS
プチフルール ピアス

PARTS CLUB

size：2.5cm

道具	基本道具セット／瞬間接着剤

材料
- ◆ワイヤー
  - ・#28 ゴールド／124cm
- ◆ビーズ・金具
  - 爪枠付きカットガラス
    - A：オパールピンク（ゴールド）／シズク／10×14mm…2個
    - B：ピンク（ゴールド）／マーキス／10×5mm…2個
    - C：オパールライトピンク（ゴールド）／マーキス／10×5mm…2個
  - 爪付ラインストーン
    - D：ライトアメジスト（ゴールド）／ラウンド／4つ通し穴／5mm…2個
    - E：ライトローズ（ゴールド）／ラウンド／4つ通し穴／3mm…2個
  - F：フラワーループ／クリスタル（ゴールド）／PT-300855…2個
  - G：チェコガラス／クラシックローズ（つや消し）／4mm／FE-00102-82…12個
  - ボタンカットビーズ
    - H：オペークパープル／6mm／DP-00559-85…2個
    - I：ライトパープルオーロラ／4mm／DP-00558-042A…2個
    - J：アラバスターピンク／4mm／DP-00558-027…2個
  - K：シャワー台付きピアス金具／ゴールド／14mm／PT-300622…1組
  - L：ピアス用パールキャッチ／10mm／OL-00516-WH…1組

1 各パーツにワイヤーを取りつける

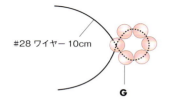

2 各パーツにワイヤーを通し、シャワー台に取りつける

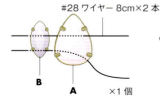 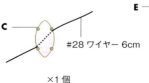

3 すべてのパーツを取りつけたら K のシャワー台をピアス金具の台座にセットして爪を倒し、L に差し込む

※図を参考に大きいパーツから配置していく

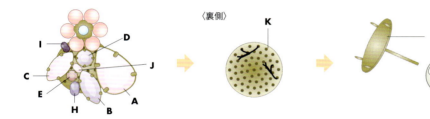

※すべてのパーツのぐらつく箇所の裏側や横面に瞬間接着剤をつけて補強する

それぞれ2本ずつ5mmほどねじり合わせて余分をカット、切り口はピアス金具にセットするときに収まるようにすべて倒しておくぐらつく箇所に瞬間接着剤をつける

シャワー台をのせ、平ペンチで爪を倒してセットし、L と合わせる

もう1組、左右対称になるように作る

61

PETITE FLEUR RING
プチフルール リング

PARTS CLUB

size : 2.5cm

道具	基本道具セット／瞬間接着剤

材料　◆ワイヤー
・#28ゴールド／84cm

◆ビーズ・金具
爪付ラインストーン
A：ライトアメジスト(ゴールド)／ラウンド 4つ通し穴／5mm…1個
B：ライトローズ(ゴールド)／ラウンド 4つ通し穴／4mm…3個
C：ホワイトオパール(ゴールド)／ラウンド 4つ通し穴／3mm…3個
D：メタルパーツ・カラーフラワー／ピンク(ゴールド)…1個
E：　　　　　　　　　　　／イエロー(ゴールド)…1個
F：フラワーループ(881)／ペールイエロー(ゴールド)／ジョンキル…1個
G：フラワーループ(880)／クリームイエロー(ゴールド)／ジョンキル…1個
H：　　　　　　　　　／クリスタルオーロラ(ゴールド)
　　　　　　　　　　　／ジョンキル…2個
I：シャワー台付きリング金具／ゴールド／14mm／PT-300620…1個

❶ 各パーツにワイヤーを取りつける

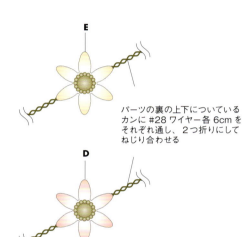

パーツの裏の上下についているカンに #28 ワイヤー各 6cm をそれぞれ通し、2つ折りにしてねじり合わせる

#28 ワイヤー各 5cm をパーツの穴に通す

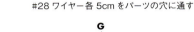

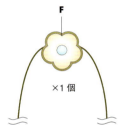

#28 ワイヤー各 5cm をパーツの穴に通す

❷ Ⅰのシャワー台に各パーツを取りつける

〈裏側〉

それぞれ2本ずつ5mmほどねじり合わせて余分をカット、切り口はリング金具にセットするときに収まるようにすべて横向きに倒しておく

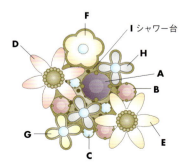

※ぐらつく箇所に裏側から瞬間接着剤をつけて補強する

シャワー台をのせ、平ペンチで爪を倒してセットする

Ⅰリング金具

62

PASTEL HEART NECKLACE

photo page 20

パステルハート ネックレス

PARTS CLUB

size：5.5×7cm（トップ部分）

| 道具 | 基本道具セット |

材料
- ◆ ワイヤー
  - ・#22 ゴールド／187cm
  - ・#28 ゴールド／104cm
- ◆ ビーズ・金具

爪枠付きカットガラス
- A：オパールライトブルー（ゴールド）／シズク／13×18mm…1個
- B：　　　　　　　　　　　　　　　／マーキス／15×7mm…4個
- C：　　　　　　　　　　　　　　　／10×5mm…4個
- D：オパールライトピンク（ゴールド）／オーバル／13×18mm…2個
- E：オパールピンク（ゴールド）／シズク／10×14mm…3個
- F：オペークライトグリーン（ゴールド）／マーキス／15×7mm…2個
- G：ライトパープル（ゴールド）／スクエア／10×14mm…1個
- H：　　　　　　　　　　　／マーキス／10×5mm…6個

爪付ラインストーン
- I：ホワイトオパール／ラウンド（ゴールド）／4つ通し穴／6mm…4個
- J：　　　　　　　　　　　　　　　　　　　　　　　／5mm…4個

ボタンカットビーズ
- K：ライトパープルオーロラ／DP-00558-042A／4mm…8個
- L：アラバスターピンク／DP-00558-027／4mm…4個
- M：オペークライトパープル／DP-00615-90／3mm…8個
- N：アクリル玉／ペールピンクマーブル／OL-00149-J8／10mm…25個
- O：クラスプ／ゴールド／PC-301075…1組

1 ワイヤーにビジューを順に通し、パーツ a を作る

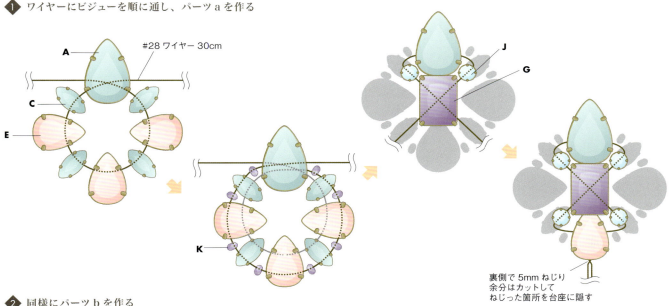

2 同様にパーツ b を作る

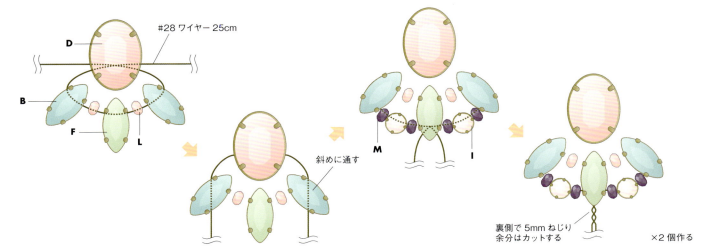

63

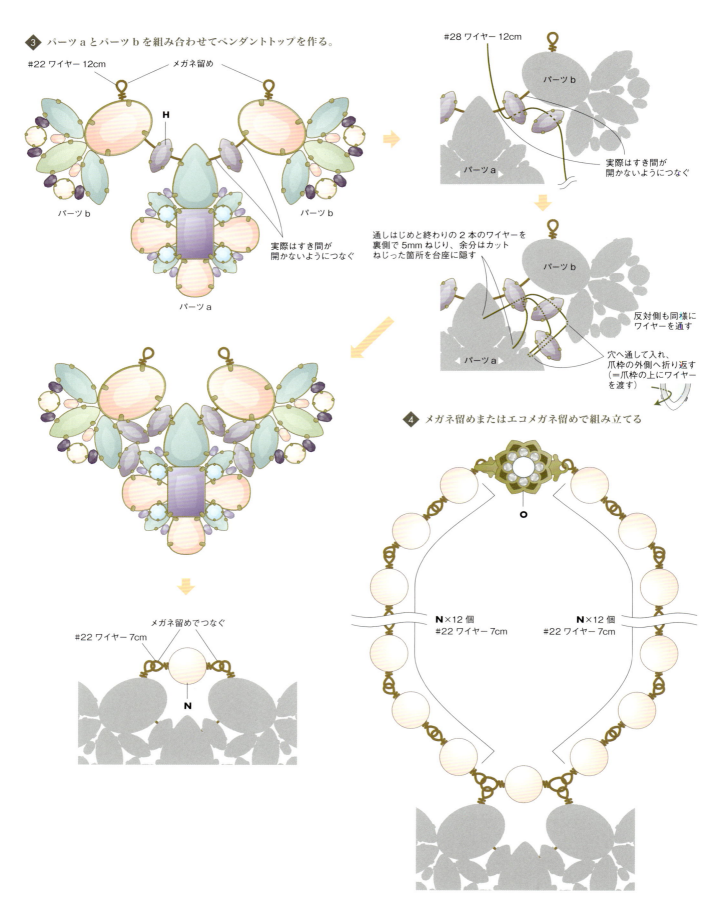

LAVENDER NECKLACE
ラベンダー ネックレス

MIYUKI

size：105cm

| 道具 | 基本道具セット |

材料
- ◆ ワイヤー
  - ・#22シルバー／352cm
- ◆ ビーズ・金具
  Microアクリルビーズ
  - **A**：スモーキーレッド／S213／#17／約35×35mm…1個
  - **B**：ラベンダー／S205／#4／28×25mm…1個
  - **C**：パウダーパープル／S257／#151／約18×22mm…1個
  - **D**：スモーキーパープル／S219／#18／19×20mm…1個
  - **E**：グレー／S219／#11／19×20mm…1個
  - **F**：ピンク／S208／#84／12×17mm…1個
  - **G**：スモーキーブラウン／S256／#147／20mm…1個
  - **H**：チャコールグレー／S202／#63／18×25mm…1個
  - **I**：マーブルパープル／S227／#100／12×19mm…1個
  - **J**：クリアオレンジ／S252／#94／10×15mm…1個
  - **K**：クリアパープル／S251／#127／13mm…1個

  コットンパール
  - **L**：リッチグレー／J673／14mm…6個
  - **M**：グレー／J688／12mm…8個
  - **N**：ラベンダー／J687／12mm…6個
  - **O**：リッチグリーンブラック／J674／8mm…6個

  - **P**：カニカン／マットシルバー／K1649…1個
  - **Q**：アジャスター／マットシルバー／K565…1個
  - **R**：丸カン／アンティークシルバー／S119／#53／20mm…3個
  - **S**：　　　　　　　　　　　　　　　／S117／#53／12mm…7個
  - **T**：　　　　　　　　　　　　　　　／S118／#53／11mm…6個

図のように指定の長さの
#22ワイヤーのメガネ留め
またはエコメガネ留めでつなぐ

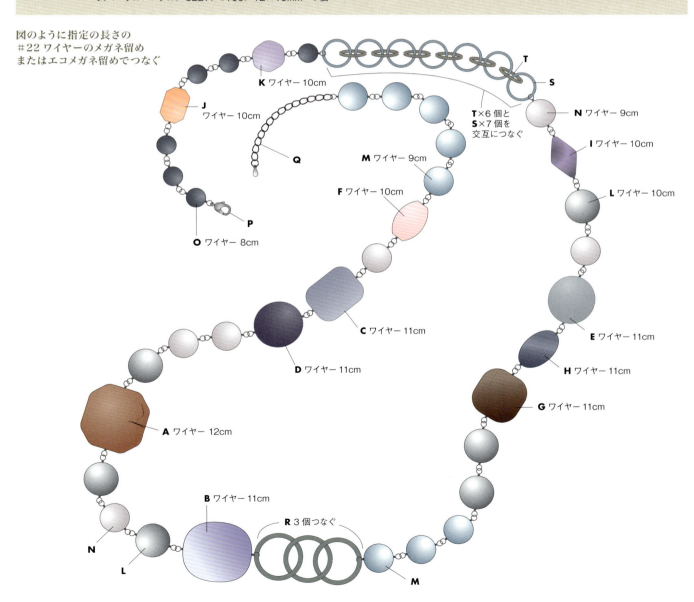

DREAMY NECKLACE

photo page 23
ドリーミー ネックレス

MIYUKI
size : 70cm

道具	基本道具セット

材料
◆ ワイヤー
・#22ゴールド／429cm

◆ ビーズ・金具
コットンパール
A：キスカ／J681／14mm…6個
B：　　　／12mm…10個
C：　　　／10mm…10個
D：　　　／8mm…25個

E：ロンデル／S425／ゴールド／リボン／15×17mm…2個
F：　　　　／K1461／ゴールド／ボール／8mm…3個
G：クラスプ／K2725／ゴールド／12×21mm…1組

指定の長さの#22ワイヤーのメガネ留めまたはエコメガネ留めで図のようにつなぐ

BLUE FOREST 2WAY BROOCH & NECKLACE

ブルー フォレスト 2way ブローチ&ネックレス

X-SENSE

size：60cm（チェーン） 8×5.5cm（トップ）

道具	基本道具セット／瞬間接着剤

材料　◆ワイヤー
- #22ゴールド／270cm
- #28ゴールド／475cm

◆ビーズ・金具

スワロフスキー・クリスタル
- A：モンタナ（ホイールバック）／#4320／10×14mm…5個
- B：アクリルパール 64479-5／ライトシルバー／ドロップ横穴／5×8mm…6個
- C：　　　　64481-10／キスカ／オニ／10mm…31個
- D：チェコビーズ 21902／ライトサファイアオパール／ドロップ／4×6mm…12個
- E：　　　　22008／サファイア／6mm…1個
- F：シードビーズ 01590／ゴールド（ドラコート）／特小…約371個
- G：　　　　01246／モンタナアイリス（スキラスター）／丸小…90個
- H：スリーカットビーズ 01625-05／パール／グレー…90個

ダイヤパーツ
- I：キュービックジルコニア 002-05／丸台クリスタル（ゴールド）／5mm…1個
- J：キュービックジルコニアアツメ無し 042-04／クリスタル（ゴールド）／4mm…2個
- K：ローズモンテ 3035SS16-G／クリスタル（ゴールド）／4mm…1個
- L：シェル／ブラック／フラワー／10mm…1個
- M：スカシパーツ 09625／オリエンタルゴールド／レクタングル／78×48mm…2個
- N：スカシパーツ 09756／ゴールド／6花弁／27mm…1個
- O：スカシパーツ 091000／ゴールド／フラワー5弁／26mm…1個
- P：スカシパーツ 09664／マットゴールド／6花弁／20mm…1個
- Q：メタルパーツプチフラワー 09648／マットゴールド／12mm…2個
- R：ローズモンテ入りミルククラウン小 09642／マットゴールド／10mm…1個
- S：ミルククラウン 09638L／ゴールド／12mm…1個
- T：ミルククラウン 09638M／ゴールド／10mm…2個
- U：リーフ 09102／ゴールド／15×26mm…1個
- V：リーフ 09436／ゴールド／10×18mm…2個
- W：リス 08434／マットゴールド／43×33mm…1個
- X：ツバメ 08436／マットゴールド／31×26mm…1個
- Y：スカシパーツ 08350／古代金／41mm…1個
- Z：石座 72419／ゴールド／14×10mm…5個
- a：ブローチピン回転式 72037／マットゴールド／35mm…1個
- b：カニカン 72213／マットゴールド／8×15mm…2個
- c：デザイン丸カン 文様入り 09644／マットゴールド／11mm…2個

1. #22ワイヤー各9cmのメガネ留めまたはエコメガネ留めでネックレスを作る

合計30個つなぐ 各9cmでメガネ留め — C

Y

ここのみ 10cmでメガネ留め

b

ここのみ 10cmでメガネ留め

67

❷ #28ワイヤーでフラワーを2個作る
タペストリーワーク・フラワーの作り方→P35

ワイヤー 25cm×3本使用

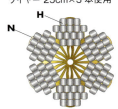
余分なワイヤーは裏側で5mmねじりあわせてカットする

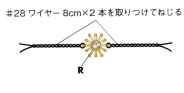
#28ワイヤー 8cm×2本を取りつけてねじる

Q×2個ずらして重ねる
※実際はねじったワイヤーですがイラスト上省略しています。

ワイヤー 40cmの中心からスタート

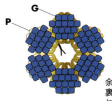
余分なワイヤーは裏側で5mmねじりあわせてカットする

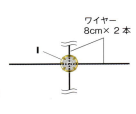
ワイヤー 8cm×2本

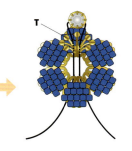
2本ずつをねじり合わせる

❸ #28ワイヤーでフラワーを1個作る
※最初にAはZにはめて、爪を倒してセットしておく→P44

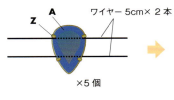
ワイヤー 5cm×2本
×5個

ワイヤーを裏側で2本ずつ5mmねじりあわせてカットする

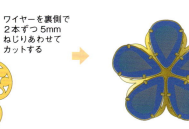

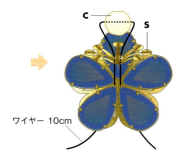
ワイヤー 10cm

❹ #28ワイヤーでリーフを大1個、小2個作る
タペストリーワーク・リーフの作り方→P35

＜リーフ大＞

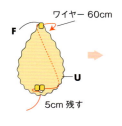
ワイヤー 60cm

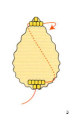

16列並べる
※イラストの個数はイメージです、Uに合わせて調整してください。
5cm残す

＜リーフ小＞×2枚

11列並べる
ワイヤー 40cm

⑤ #28 ワイヤーで図のように小さいフラワーパーツを4個作る

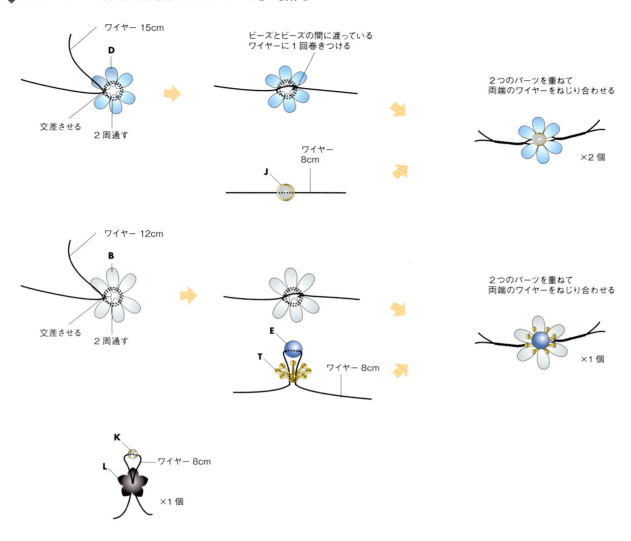

⑥ #28 ワイヤーを図のように各パーツに取りつける

7 Mに各パーツを留めつける

リーフ小

すべてのワイヤーは
数本ずつ裏側で5mmほど
ねじり合わせ、余分をカット

リーフ大

<裏側> ※表側のパーツイラスト省略

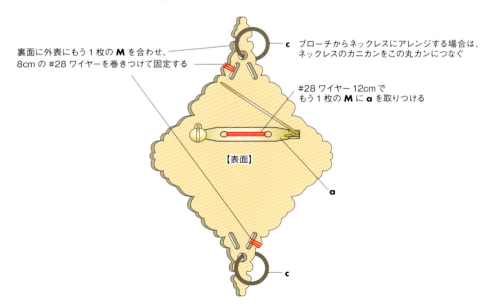

裏面に外表にもう1枚のMを合わせ、
8cmの#28ワイヤーを巻きつけて固定する

ブローチからネックレスにアレンジする場合は、
ネックレスのカニカンをこの丸カンにつなぐ

#28ワイヤー12cmで
もう1枚のMにaを取りつける

FEATHER EARRINGS
フェザー ピアス

photo page 25

X-SENSE

size：3.5cm

道具 基本道具セット

材料 ◆ワイヤー
・#24 ゴールド／26cm
・#26 ゴールド／60cm

◆ビーズ・金具
A：スワロフスキー・クリスタル／モンタナ／#5000／6mm…2個
B：コットンパール／キスカ／10mm…2個
C：メタルパーツ／ウイング右 09647／ゴールド／13×26mm…1個
D：　　　　　／ウイング左 09646／ゴールド／13×26mm…1個
E：フープピアス 72404／ゴールド／1.5×16mm…1組
F：丸カン／マットゴールド／1.0×8mm…2個

① #26 ワイヤー 15cm を E にコイル状に巻きつける

#26 ワイヤー 30cm をコイル状に巻きつける

② 各パーツを取りつける

A #24 ワイヤー 5cm 輪留めでつなぐ

B #24 ワイヤー 8cm の端から 3cm を渦巻きにして渦巻き留めでつなぐ

左右対称に 2 個作る

FLEUR NOIR BROOCH

フルール ノワール ブローチ

MIYUKI

photo page 26

size：6cm

道具	基本道具セット／マスキングテープ／瞬間接着剤

材料
◆ワイヤー
・#28 ブラック／720cm
・#26 シルバー／40cm

◆ビーズ・金具
ファイアポリッシュビーズ
A：シルバー／ラウンドカット／K834／#46／8mm…1個
B：スモークグレー／ラウンドカット／K834／#11／8mm…2個
C：シルバーライン／ラウンドカット／K832／#412／6mm…2個
D：パール／ラウンドカット／K831／#81／5mm…1個

バロックパール
E：グレー／J618／8mm…1個
F：　　　／6mm…1個
G：　　　／4mm…1個
H：キスカ／J616／4mm…2個

I：丸小ビーズ#401／黒／K5033…272cm分
J：シャワー台付ブローチ金具／K504／シルバー／24mm…1個

1 黒ワイヤーにIを通して花びら大を8枚作る

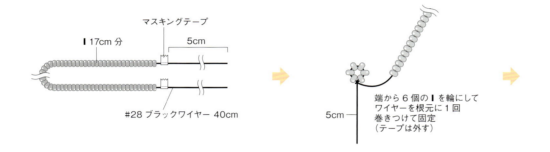

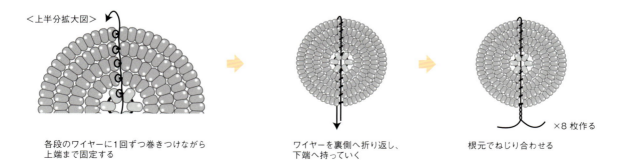

❷ 同様にして花びら中と小を各8枚ずつ作る

❸ 花びら大8枚をJに留めつける

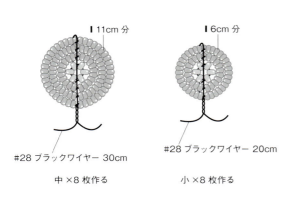
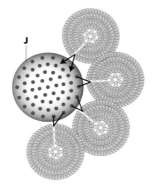

❹ 同様に花びら中、小の各8枚を留めつける

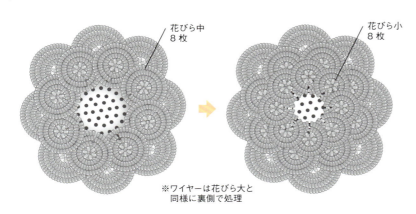

❺ #26ワイヤーにビーズを入れながらねじり、中心パーツを作る

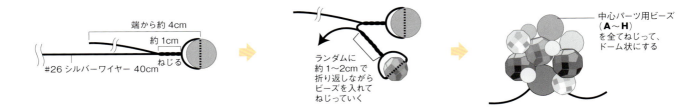

❻ ❹の中心に❺を差し込んで固定、Jのブローチ台にセットして爪を倒して固定する

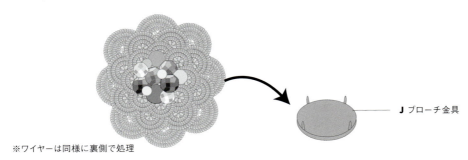

ROSETTE BROOCH

photo page 26
ロゼット ブローチ

MIYUKI
size：6cm

道具	基本道具セット／瞬間接着剤

材料
◆ワイヤー
・#28 シルバー／1274cm

◆ビーズ・金具
爪付アクリルストーン
A：クリスタル／ラウンド／K5467／#1／14mm…1個
B：ブラックダイヤモンド／ラウンド／K5466／#11／12mm…1個
C：スモーキークォーツ／ラウンド／K5465／#375／10mm…1個

バロックパール
D：グレー／J618／10mm…1個
E：ベージュ／J617／8mm…1個
F：キスカ／J616／6mm…1個
G：スリーカットビーズ#178／グレースキラスター／K5283…2,359個
H：シャワー台付ブローチ金具／K2670／シルバー／30mm…1個

❶ #28 ワイヤーに G を通して交差、を繰り返して花びら大を 7 枚作る

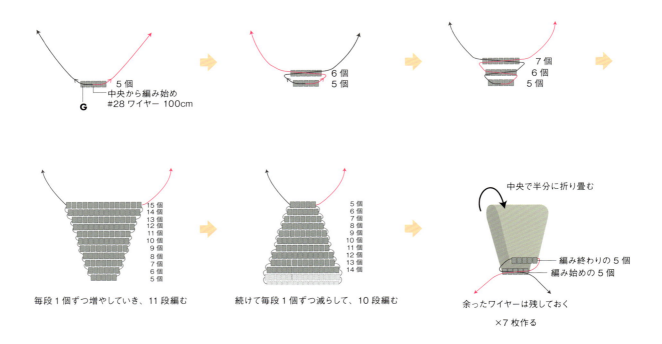

❷ 同様にして花びら小を 7 枚作る

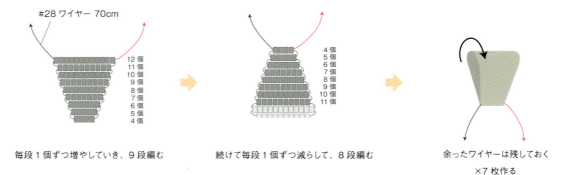

③ 各パーツに♯28 ワイヤーを通す

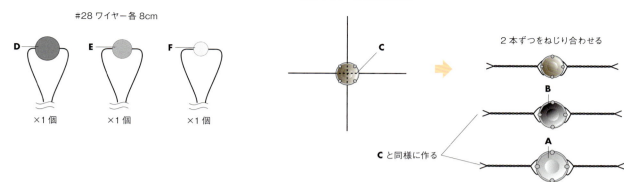

④ H に花びら大、小を順に各 7 枚ずつ留めつける

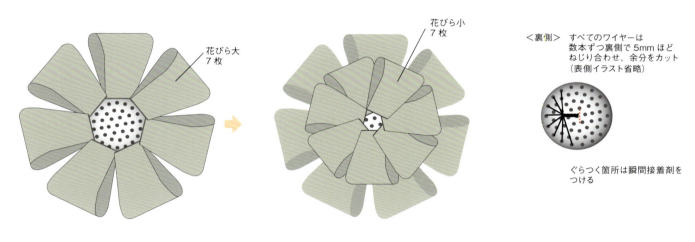

⑤ ④の中心に③を差し込んで固定、H のブローチ台にセットして爪を倒して固定する

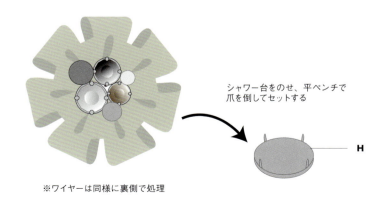

photo page 27

BEADING NECKLACE
ビーディング ネックレス

MIYUKI

size：110cm

道具	基本道具セット／手回しドリル

材料　◆ワイヤー
・#22 ビンテージブロンズ／982cm
・#28 ゴールド／360cm
・0.24mm 銅線 #31／グリーン／H503／490cm

◆ビーズ・金具
Micro アクリルビーズ
A：グリーン／S226／#33／48×33mm…1個
B：ラフランス／S213／#27／約35×35mm…1個
C：ペールグリーン／S205／#2／28×25mm…1個
D：ライトグリーン／S257／#152／約17×22mm…1個
E：マーブルグリーン／S211／#91／19×20mm…2個
F：パウダーイエロー／S253／#83／12×18mm…2個
G：クリアライトグリーン／S252／#133／10×15mm…3個
H：スモーキーグリーン／S248／#107／12×8mm…3個
I：アプリコット／S251／#110／13mm…2個

プラスチックビーズ
J：マーブルイエロー／K2008／#111／18mm…1個
K：　　　　　　　／K2006／#111／14mm…4個
L：マーブルレモン／K2006／#142／14mm…2個

ウッドビーズ
M：生成／H737／#2／25mm…2個
N：濃グリーン／H781／#19／12-6mm…7個

O：丸小ビーズ #136／イエロースキ／K5145…1,188個
P：丸特小ビーズ #173／グリーンスキラスター…910個
Q：リング／アンティークゴールド／S74／#49／38mm…1個
R：　　　　　　　　　　　　　／S73／#49／26.5mm…1個
S：　　　　　　　　　　　　　／S72／#49／21mm…1個
T：マンテル／アンティークゴールド／S109／#49／18×15mm…1個
U：　　　　　　　　　　　　　　／S107／#49／18×15mm…1個
V：丸カン／アンティークゴールド／S118／#49／11mm…2個

1 ビーディングボールを作る
ビーディングボールの作り方→P34

グリーンワイヤー 70cm の中心に N を通し P10 個を通しワイヤーをねじって固定

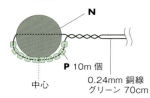
P 10m 個
0.24mm 銅線 グリーン 70cm
中心

ワイヤーを N に通す

P を 10 個通し、N に沿わせていく

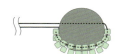

合計 13 列を作ったらワイヤーを 5mm ほどねじって、余分をカット ワイヤーの端は穴に入れる

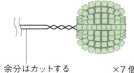
余分はカットする　×7 個作る

2 ゴールドワイヤー 180cm で同じように M に O を 18 個ずつ合計 33 列作る

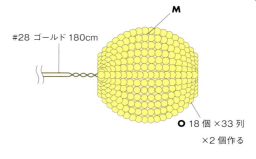
#28 ゴールド 180cm
M
O 18 個 ×33 列
×2 個作る

3 #22 ワイヤー 660cm を半分に折り、ねじる
10cm×14 本、20cm×4 本に切り分け、それぞれ渦巻きにする
中心を盛り上げるように整える

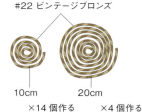
#22 ビンテージブロンズ
10cm　　20cm
×14 個作る　×4 個作る

4 #22 ワイヤーを渦巻きパーツ 2 個とビーディングビーズに通し、メガネ留めをする

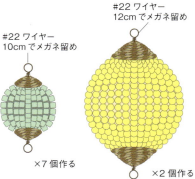
#22 ワイヤー 12cm でメガネ留め
#22 ワイヤー 10cm でメガネ留め
×7 個作る　×2 個作る

⑤ 図のようにメガネ留めをし、Aは Vで繋ぐ

※は #22 ワイヤー 10cm でメガネ留めをする

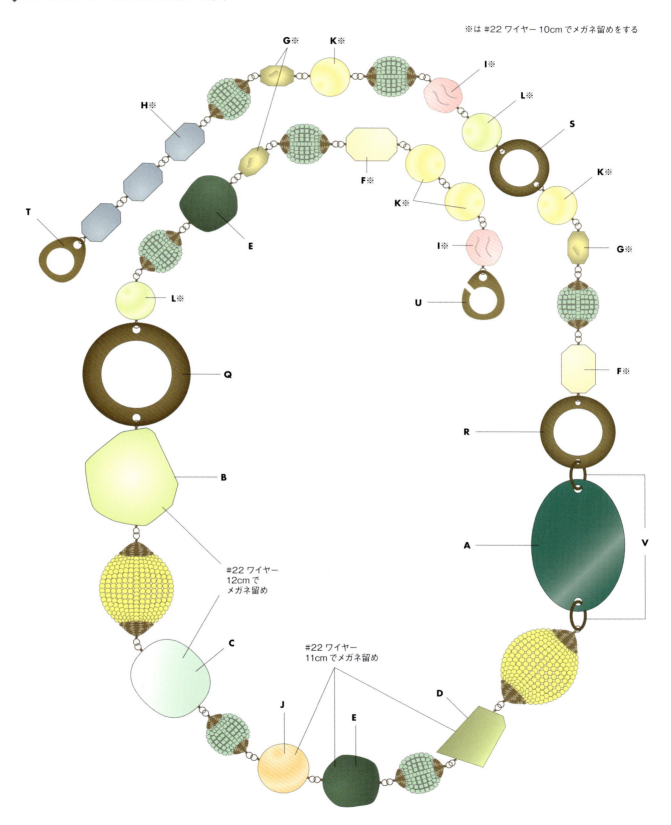

モードジュエリー
メイキングが学べる
全国のお教室

作品は全て余合ナオミ先生デザイン！トレンドとファッション性を追求し、身につけて美しい現代のコスチュームジュエリーをご自身の手で作ることができます。"上質でエレガントなライフスタイル"をテーマに、歴史と伝統ある「ワイヤージュエリー」の技術を学べる認定講座です。

主催：楽習フォーラム／
株式会社オールアバウトライフワークス

都道府県	教室名／主催者名	電話	URL／MAIL	地域［最寄り駅］
北海道	アトリエ∞∞はぁとばたけ∞∞ 松田 こずえ	090-1303-1045	URL http://atelierheartbatake.com/ http://ameblo.jp/pinkpinkclover/ MAIL info@heartbatake.com	札幌市白石区［白石駅、平和駅］
北海道	ビジューアルクティック 夏堀 素子	090-3398-5901	MAIL bijouxarctique2@yahoo.co.jp	帯広市［JR帯広駅］
北海道	アクセサリー COSMOS 長村 美香子	090-2058-3931	MAIL accessory_cosmos2010@yahoo.co.jp	千歳市
北海道	エターナル カラー 木寅 視有綺	090-1383-7527	MAIL qftpq441@ybb.ne.jp	苫小牧市、千歳市、札幌市
岩手	アトリエ Fiorire 華 佐藤 華子	019-681-0803	MAIL yht-s117@nifty.com	盛岡市
宮城／福島	あとりえ Allegro 中塚 かおる	090-8612-3524	URL http://ameblo.jp/allegro-kao MAIL wired.allegro@gmail.com	仙台市／福島市［仙台駅／福島駅］
茨城	bitter x sweet 自分でつくるアクセサリー 田口 恵子		URL http://bs-beads.flips.jp/ MAIL bitter_sweet_beads@me.com	古河市［古河駅、栗橋駅］
茨城	こもれび f*m 三武 文子	090-8047-7061	MAIL 1029f.yonha0812@ezweb.ne.jp	古河市［栗橋駅、古河駅］
茨城	手作り工房「Twinkle」 上牧 幸子	029-232-3558	URL http://www.twinkle-y.jp MAIL y_soleil_15@yahoo.co.jp	水戸市、ひたちなか市［内原駅、勝田駅］
栃木	Beads-Art-Beryl 深見 真幸	080-1082-0996	MAIL mayuki.f.beads-art-beryl@docomo.ne.jp	宇都宮市、小山市
栃木	Milky Beads 坂寄 愛子	090-4026-0544	URL http://ameblo.jp/beads-like/ MAIL beadsmilky@ybb.ne.jp	宇都宮市［JR宇都宮駅、東武宇都宮駅］
群馬／埼玉／栃木	アトリエ fiore 木崎 由美	090-6199-6311	URL http://ameblo.jp/fioreginnosizuku55/ MAIL fiore831yk@yahoo.co.jp	前橋市、高崎市、安中市、太田市、桐生市、足利市、鴻巣市
群馬	ビーズジュエリー教室 libre 金丸 京子	080-3202-4409	MAIL na-mi-yu@ezweb.ne.jp	吾妻郡草津町［草津バスターミナル］
群馬／埼玉／東京	Rose Heart 金井 正子	090-9962-4025	MAIL rose_heart@skyblue.ocn.ne.jp	太田市／鴻巣市、行田市、熊谷市、深谷市、羽生市、加須市、幸手市／池袋
埼玉／東京	ビーズアクセサリーCopine（こぴ〜ぬ） 遠藤 早苗	090-1551-0372	MAIL sana@kvd.biglobe.ne.jp	入間市、所沢市／国分寺市

都道府県	教室名／主催者名	電話	URL／MAIL	地域［最寄り駅］
埼玉／東京	アトリエ ジュエビー 門田 ゆき子	048-466-5234	URL http://jewebea.com MAIL jewebea0606@gmail.com	和光市、さいたま市／練馬区
埼玉	アトリエ N's パレット 栗本 典子	090-1464-5894	MAIL noriko@niwashi.co.jp	行田市、久喜市、上尾市、越谷市
埼玉	BEADS ROOM Angel Heart 澤口 恵利	048-649-6899	MAIL eri.s-0926-angel.heart@jcom.zaq.ne.jp	さいたま市大宮区
千葉	ビーズワークショップ revontuli ふじわら めぐみ	090-5505-1856	URL http://revontuli55.blog12.fc2.com/ MAIL revontuli@hotmail.co.jp	松戸市、八千代市
千葉	FAIRY'S 〜フェアリーズ〜 江口 真由美	04-7103-7300	URL http://www.fairys.co.jp/ MAIL beads@fairys.co.jp	柏市［柏駅］
千葉／東京	アトリエテイスト 常藤 容子	090-8018-9779	URL http://taste-style.jimdo.com/ MAIL tastestyle@live.jp	千葉市、成田市、八千代市、台東区［千葉駅、成田駅、八千代村上駅、浅草橋駅］
千葉	Beads Clover 山形 由貴	043-264-3331	MAIL beads.clover@gmail.com	千葉市
東京／神奈川	infini（アンフィニ）ビーズ教室 多田 晴美	090-2220-8842	URL http://ameblo.jp/infinibeads/ MAIL h-tada@ga3.so-net.ne.jp	中央区、台東区／横浜市西区、旭区
東京／神奈川	Miki's Beads bijou & Works 中村 美紀		MAIL wiremode@jd5.so-net.ne.jp	渋谷区／川崎市、横浜市
東京／神奈川	ハンドメイドジュエリーAtelier lilybell（リリーベル） 中島 あけみ	080-1144-8221	URL http://ameblo.jp/lilybell-beads/ MAIL info@lily-bell.com	世田谷区／川崎市
東京	teada-bijoux（ティーダビジュウ） もりした やしよ	090-6563-0490	URL http://ameblo.jp/teada-bijoux/ MAIL teada-way@i.softbank.jp	新宿区、豊島区
東京	Atelier54＊koshi 腰本 優子	080-5019-4712	URL http://ameblo.jp/koshibeads MAIL atelierkoshi@icloud.com	渋谷区［参宮橋駅、初台駅、代々木駅］
東京	ビーズラボ・K 石黒 かんな	080-3012-5832	URL http://www.beadslab.jp/ MAIL kkh38be-celloblk@sky.sannet.ne.jp	府中市、国分寺市、武蔵野市、小金井市
東京	ビーズアクセサリーBlue-Bell 青木 恵理	080-5457-9792	MAIL bluebell@s6.dion.ne.jp	墨田区、足立区
東京	Asami工房 鈴木 聡子	080-6529-9687	MAIL asamikobo@yahoo.co.jp	世田谷区
東京	ビーズスクールアトリエ楡 植木 早苗	090-1202-0683	URL http://www.tama-cul.com MAIL 2525nirenoki-0320@ezweb.ne.jp	多摩市［聖蹟桜ヶ丘］
神奈川／静岡	アトリエK 吾妻 京瑚	090-4749-3955	URL http://ameblo.jp/atelier-brilliant-rose MAIL atelier7j3k6y@nifty.com	川崎市、横浜市／沼津市、静岡市［鷺沼駅、センター北駅／沼津駅、東静岡駅］
神奈川	Speranza〜スペランツア 平石 幸子	090-5765-4056	MAIL rinamama-2488@docomo.ne.jp	横浜市、横須賀市［京急富岡、六浦、県立大学］
神奈川	Atelier サフィール 天海 葵	090-2310-3072	URL http://www.saphir-ac.org/ MAIL aoi@saphir-ac.com	横浜市［センター南駅］
神奈川	studio the Bloom 小林 ようこ	090-9000-1649	URL http://ameblo.jp/stbloom/ MAIL info.s.t.bloom@samba.ocn.ne.jp	横浜市港北区、南区
富山／石川	Atelier Konomix 太田 好	0766-44-1307	MAIL chubbies@kuc.biglobe.ne.jp	高岡市、富山市、射水市／河北郡津幡町
富山	true-grace（トゥルーグレース） 開発 真優美	090-1313-9574	MAIL true-grace@ypost.plala.or.jp	高岡市、富山市
石川	Feel Heart 西 めぐみ	090-3763-2544	URL https://ja-jp.facebook.com/feelheart.k MAIL feel_heart20074@yahoo.co.jp	金沢市［金沢駅］
福井	Splash II（スプラッシュ ツー） 慶本 純希	090-2372-2008	MAIL Sumiki-8@mx3.fctv.ne.jp	福井市内、あわら市、加賀市［福井駅、芦原温泉駅、加賀温泉駅］
福井／石川	アトリエ遊花里 橋本 里美	0776-67-6551	URL http://www.a-yuukari.jp MAIL yuukari@aqua.ocn.ne.jp	坂井市丸岡町、福井市／金沢市［丸岡BT、花堂／武蔵が辻］

都道府県	教室名／主催者名	電話	URL ／ MAIL	地域［最寄り駅］
岐阜	Treasure〜y〜 寺嶋 謡子	090-4085-4429	MAIL choco.boo.love@gmail.com	岐阜市柳津町
静岡	輝華 黒田 千恵子	090-2342-4692	URL http://happy7.hamazo.tv/ MAIL teruka_hand_made7@yahoo.co.jp	浜松市中区［浜松駅］
静岡	Art YELLOW Angel（天使の光）浜松佐鳴台教室 荒木 やす江	090-1748-9286	MAIL minamikouminnkann@yahoo.co.jp	浜松市、袋井市
静岡	アトリエ rena 法月 淑江	090-5452-0741	MAIL thomas73@tokai.or.jp	静岡市駿河区
愛知	烏森工房 亀岡 圭子	090-1503-2900	MAIL karasumori_kobo@yahoo.co.jp	常滑市［常滑駅］
愛知	Spring Child 柴田 晴子	090-6330-2928	URL http://www.ameblo.jp/spring-child/ MAIL springchild2012@gmail.com	名古屋市天白区、緑区
愛知	ビーズぽっぷ 出原 三千世	090-3933-2232	MAIL mitiyo.pop-wan@ezweb.ne.jp	日進市、豊田市、大府市、東郷町、名古屋市昭和区八事
愛知	アトリエハッピー 松永 富美江	090-1275-9819	MAIL rose_41@live.jp	名古屋市緑区
愛知	Atelier-jo jo（アトリエジョジョ） カコイチコ	090-9947-5897	MAIL atelierjojo15@yahoo.co.jp	名古屋市中区栄、瀬戸市
愛知	Ai☆Sai★Beads 野島 睦美	090-2573-7957	URL http://ameblo.jp/aisaibeads/ MAIL aisaibeads@yahoo.co.jp	春日井市［JR高蔵寺駅］、瀬戸市
愛知	Heliotrope 渡辺 友美	090-7868-6945	URL http://plaza.rakuten.co.jp/heliotropetomomo/ MAIL heliotrope@leaf.ocn.ne.jp	名古屋市天白区、中川区、清須市、海部郡
愛知	ビーズボックス LaLa 松本 由美子	052-891-6524	URL http://homepage3.nifty.com/BeadsboxLaLa/ MAIL yumi.m.0728@nifty.com	名古屋市緑区滝の水［名鉄鳴海駅］
三重	mama mirco 平田 ちふみ	090-4281-7773	URL http://mamamirco.boo.jp/ MAIL mamamirco@pc.boo.jp	名張市
京都	Eques Rei（エクエス・レイ） 高畑 玲香	080-6132-7539	URL http://equesrei.web.fc2.com/ MAIL equesrei_beads@ybb.ne.jp	京都市右京区・下京区・山科区・伏見区・北区・南区・大阪府守口市
大阪	Largo Mode（ラルゴ モード） 木坂 牧子	090-9610-0343	URL http://largomode.web.fc2.com MAIL tn9iz7@bma.biglobe.ne.jp	大阪市淀川区［神崎川駅、なんば駅］
大阪／兵庫／奈良	FSK アクセサリークラフト教室 中井 恵子	090-5066-0607	MAIL f.s.k@aa.cyberhome.ne.jp	大阪市、堺市／神戸市、西宮市、伊丹市／奈良市
大阪	ろみんず 山口 博美	090-8535-2065	URL http://ameblo.jp/romin7/ MAIL yhiromijp@yahoo.co.jp	城東区
大阪	ピノヴィオレッタ・小阪カルチャー教室 江端 弥栄	06-6724-0372	URL http://www.kosaka-culture.com/ MAIL pinovioletta@ymail.plala.or.jp	東大阪市
大阪	Naoko Beads Collection 西田 尚子	090-8529-9907	URL http://www.manabow.net/teacher/detail/no:TC05232 MAIL naoko.beads@gmail.com	堺市西区、中央区
大阪	リバリバ工房 川辺 知登世	090-9997-8559	MAIL jisabu.jiro@gmail.com	枚方市、寝屋川市
大阪	Studio Fiore 長尾 久仁子	090-3847-3900	MAIL kuniko-n@email.plala.or.jp	池田市
大阪	VIVI・AN 白川 晴美	090-6208-6280	URL http://www.vivi-an.com/ MAIL enjoy-craft@vivi-an.com	大阪市阿倍野区松崎町
大阪／兵庫	Quadrifoglio（クアドリフォリオ） 中森 弘馨	090-7497-1962	MAIL foglio-0206@jttk.zaq.ne.jp	大阪市、豊中市／宝塚市、西宮市［天満橋駅、千里中央駅／宝塚駅、逆瀬川駅、夙川駅］
兵庫	BOITE A BIJOUX 京口 薫	090-8213-3411	MAIL kaohsyrin-jj@i.softbank.jp	神戸市灘区［阪急六甲、JR六甲道］
兵庫	Atelier Seven&Sea 宮田 真紀	090-6668-7505	URL http://sevensea73.web.fc2.com/ MAIL sevenseakobe@gmail.com	神戸市、中央区［三宮駅、新神戸駅］

都道府県	教室名／主催者名	電話	URL／MAIL	地域 [最寄り駅]
兵庫	スマイルハート 宮地 左知子	080-3117-3573	URL http://www.smile-heart.info/ MAIL atelier@smile-heart.info	加古川市、姫路市
兵庫	atelier corridor 池田 理和	090-9546-1148	URL http://ameblo.jp/corridor-r/ MAIL r-ikeda@sd6.so-net.ne.jp	西宮市[阪急苦楽園口駅]
兵庫	petit 梅本 亜紀	090-4901-6611	URL http://ameblo.jp/petit1/ MAIL petit-petit@nyc.odn.ne.jp	西宮市[JR甲子園口]
兵庫	ビーズスタジオ・さくら 櫻井 恭子	080-4231-3699	URL http://ameblo.jp/beads-studio-sakura/ MAIL k.sakura99@gmail.com	神戸市中央区[阪急春日野道、阪神春日野道、JR灘]
兵庫	STUDIOCOLOR 多木 佐瑤子	090-1420-2733	URL http://www.studiocolor.jp/ MAIL info@studiocolor.jp	神戸市中央区三宮・元町、長田区新長田、垂水区舞子、加古川市
兵庫	アトリエBijou 大西 眞理子(Mari)	090-2350-4686	MAIL 00.24am-00.24pm@kud.biglobe.ne.jp	神戸市東灘区、中央区[甲南山手駅、三宮駅]
鳥取	Brilliant☀Brilliant 瀧本 信子	080-5623-3401	MAIL babayaga40@yahoo.co.jp	鳥取市[鳥取駅]
岡山	山田千代子のコスチュームジュエリー 山田 千代子	090-4144-5445	URL http://www3.kct.ne.jp/~senni518/ MAIL yumechiyo119@mx7.kct.ne.jp	岡山市北区、倉敷市茶屋町[JR岡山駅、茶屋町駅]
広島	アトリエChocoo 山田 恵美	090-3632-0481	URL http://homepage3.nifty.com/chocoo/ MAIL pipi-07@nifty.ne.jp	広島市西区、中区袋町[横川駅、西広島駅(送迎有)、本通り]
香川	エレガンスROSE MAKO	087-821-9707	URL http://ameblo/elegancerose MAIL elegancerose.mako.kota@gmail.com	高松市番町
愛媛	Atelier 空と間(アトリエ くうとま) 向井 琴恵		URL http://www.atelier-kuutoma.jp/ MAIL atelier.kuutoma@gmail.com	松山市
愛媛	つぶ小町 高橋 姿子	090-1573-3080	URL http://ameblo.jp/tubukomati/ MAIL snkt.ttmama-424@docomo.ne.jp	松山市
高知	アトリエ豊玉 天野 昌枝	090-7149-8783	MAIL ja31310418@hb.tp1.jp	高知市比島町
高知	工房 こもれび 岡田 珠身(くみ)	090-5914-1278	MAIL ku-komati.195.01@docomo.ne.jp	高知市葛島
福岡	クールローズ 平松 好江	090-8233-3210	MAIL cool.rose.xx@gmail.com	福岡市中央区、長崎市
福岡	アトリエYuko 小山 裕子	090-2392-4584	MAIL yuko.k@kyj.biglobe.ne.jp	北九州市小倉北区、福岡市東区
福岡	ビーズのBrillante (ぶりらんて) 重松 緑	0948-25-0977	URL http://ameblo.jp/s-sophie/ MAIL beadsshop_brillante@yahoo.co.jp	飯塚市、福岡市西区、直方市、その他
熊本	アトリエNature (ナチュール) 道家 太紀	090-8606-9943	URL http://www.atelier-nature.net/ MAIL taki_chan_jp@yahoo.co.jp	熊本市、南阿蘇村、嘉島町
大分	Atelier Etoile 養父 美穂子	090-8764-4486	URL http://www.etoile35.jp/ MAIL ae-dolce@etoile35.jp	大分市、臼杵市[大分駅、臼杵駅]
宮崎	Jewel earpier ジュエル イアピア 杉澤 典子	090-7462-7538	URL http://jewelry-alu.jimdo.com/ MAIL healing.jewelry.alu@icloud.com	宮崎市城ケ崎[南宮崎駅、宮崎駅]

公益財団法人 日本生涯学習協議会[所管：内閣府]監修・認定
モードジュエリーメイキング認定講座

お問合わせ　楽習フォーラム/株式会社オールアバウトライフワークス
資料請求
〒150-0013 東京都渋谷区恵比寿1-20-8 エビススバルビル6階
フリーダイヤル 0120-560-187　［受付時間］10:00～17:00 ※土日祝日を除く
TEL：03-6362-0801　　FAX：03-6683-7996
Mail: mode-jm@gakusyu-f.jp　HP: http://www.gakusyu-forum.net/mode/

NAOMI YOGO'S GALLERY

余合ナオミのコスチュームジュエリー

REMINISCENT LILAC

スワロフスキー・エレメント、メタルパーツ、パール、タペストリーワーク……。
様々な素材や技法をぎゅっと集めた豪華な作品。
華やかな世界観をお楽しみください。

Lidoの思い出

VANILLA BOUQUET

PASTEL PENDANT

POWDER YELLOW BROOCH

MONOTONE CHIC RING

MONOTONE CHIC CAMELLIA

MONOTONE CHIC EARRINGS

SPARKLE PEARL NECKLACE

BLANC COUTURE EARRINGS

BUTTERFLY 2WAY BROOCH

VIDRO RING

SODALITE 2WAY BROOCH

ORIENT DESIGN BRACELET

ORIENTAL GREEN PENDANT

ORIENTAL GREEN BRACELET

EPILOGUE

おわりに

コスチュームジュエリーの世界に魅了されて10年以上経つでしょうか…ワイヤーを使ったオブジェを美大生の頃から制作し、卒業してからはディスプレーの仕事なども手がけていたので、ずっと憧れていたのはモビールで有名なアレクサンダー・カルダー。カルダーの作品がお目当てで訪れたN.YのMuseum of Arts and Designの展示でミリアム・ハスケルの作品に出会い衝撃を受けました。この時もすでにオブジェだけでなく、雑貨やアクセサリーをワイヤーで制作してはいたのですが…ミリアム・ハスケルの作品にワイヤーが多用されていること、そしてワイヤーで作られているとは思えないほど華麗で優美な作品の虜になったのです。それまでは、ワイヤーというと無骨なイメージだったり、ワイヤーアクセサリーもどちらかというとプリミティブな印象が強く、好みのファッションと合わせることがなかなか難しくて、今ひとつアクセサリー制作に夢中になることはできなかった。そんな私にとってハスケルの作品はまさに目から鱗。私をコスチュームジュエリーの世界に導いてくれて、開眼してくれたのはハスケルと言っても過言ではないかもしれません。ハスケルの全盛期の作品を手がけていたフランク・ヘスが、元々ディスプレーのデザイナーだったことにも共感を持ちました。ハスケルの作品は、作品自体がまさに「世にも美しいオブジェ」なんです。もう一人の尊敬するコスチュームジュエラーでもあるシャネルが目指していたのは「富の象徴」の宝石ではなく、「美の

オブジェ」であるコスチュームジュエリーの世界。交際していたウエストミンスター公爵からダイヤ、ルビー、エメラルドなどが輝く多くの宝石をプレゼントされていたシャネルは、決してその宝石を喜んで身につけることはなかったと言われています。「たまたまお金持ちだからって、首の周りに何百万ドルもぶらさげて歩き回るのは、ものすごく品の悪いことだわ。」というシャネルの言葉が印象的。意味を持つのは「ステイタス」ではなく「スタイル」というシャネルの信念こそがコスチュームジュエリーの世界に反映されている思います。

コスチュームジュエリーは、フェイクジュエリーだという言葉が先行する時がありますが…フェイクなことに逆に意味があるのです。貴金属、貴石を使わないからこそ、昼夜問わず存分に楽しむことができるジュエリーなのだと思います。ダイヤモンドの輝きを超えたスワロフスキーを始めとした個性的なパーツを使って、自由な発想でモノヅクリを満喫できるのもコスチュームジュエリーの魅力です。

この本が皆様にとって、コスチュームジュエリー制作の入り口となって、素敵な出会いのきっかけとなったら嬉しいです。

この本に携わってくださいましたすべての方々、いつも応援してくださる皆様に愛と感謝を!

余合ナオミ

著者
余合 ナオミ

CREATE YOUR STYLE with SWAROVSKI
ELEMENTS Beads Ambassador

スワロフスキー・クリエイト・ユア・スタイル
ビーズ・アンバサダー

多摩美術大学絵画科立体抽象コース卒業。企業ショールーム、商業施設などへのオブジェ制作、インスタレーション、ウィンドーディスプレーなどを多数手がける。近年は、コスチュームジュエリーを中心に制作を行なうワイヤーアーティスト。各地で講座を開講しており、2008年より楽習フォーラムにて開講している「モードジュエリーメイキング講座」では、現在会員数が2,000名を超える。NHK「おしゃれ工房」出演や雑誌への掲載など幅広く活躍中。2009年より旅行会社と「余合ナオミと行くビーズツアー」を企画し、香港、パリ、京都、伊勢志摩、東京、アメリカミルウォーキービーズ＆ボタンショー、ヴェネチア＆インスブルックツアーを催行する。2011年にジュエリーブランドYOGOXを立ち上げ、カタログ通販「家庭画報ショッピングサロン」（世界文化社）にて発売する。2015年ドイツ CREATIVA 会場にて招待作家として「Naomi Yogo Crystals Meet Art Nouveau展」開催。
著書は「ワイヤースタイル」「ビーズ＆ワイヤースタイル」「余合ナオミのモードジュエリーメイキング」（ともに河出書房新社）「スワロフスキー・エレメント×ワイヤーで作るモードジュエリー」（ブティック社）など多数。

◆ 余合ナオミオフィシャルサイト
http://www.naomiyogo.com/

◆ ブログ　余合ナオミのワイヤーモード
http://blogs.yahoo.co.jp/trkxd425

◆ 余合ナオミ Facebook
https://www.facebook.com/naomi.yogo

【参考文献】
「世界のビーズ文化図鑑」キャロライン・クラブトゥリー／パム・スタールブラス著（東洋書林）
「シャネル　スタイルと人生」ジャネット・ウォラク著（文化出版局）

◆ 余合ナオミのWire mode
モードジュエリーメイキング認定講座〔通学・通信〕
http://www.gakusyu-forum.net/mode/

◆ 撮影協力
atelier Pom
http://studiolamomo.com/pom/

AWABEES/UTUWA
http://www.awabees.com/

◆ スタッフ
撮影	近藤 伍壱
テクニック撮影	兒嶋 章
レシピ制作	山口 裕子　守 真樹（株式会社レシピア）
ブックデザイン	清水 裕子
企画編集	手塚 小百合（gris）
協力	西澤 英一　和田 まりこ
	蒲生 友子（gris）　横山 奈々

HANDMADE
COSTUME JEWELRY BIBLE
ハンドメイドのコスチュームジュエリーバイブル

初版発行	2015年12月1日
著者	余合 ナオミ
発行人	小野寺 恒夫
発行所	株式会社マガジンランド
	〒101-0054　東京都千代田区神田錦町3-7　東京堂錦町ビル5F
	販売部　TEL.03-3292-3221　FAX.03-3292-3222
	編集部　TEL.03-3292-3226　FAX.03-3292-3582
	http://www.magazineland.co.jp/
印刷・製本	株式会社東京印書館

〈お問い合わせ〉
本書の内容について、電話でのお問い合わせには応じられません。あらかじめご了承ください。ご質問などございましたら、往復はがき、または切手を添付した返信用封筒を同封の上、株式会社マガジンランドまでお送りくださいますようお願いいたします。

・本書記載記事および写真、イラスト、記事等の無断転載・使用はお断りいたします。
・本書の内容はすべて著作権法によって保護されています。本誌掲載の作品・作り方図などを店頭・インターネット上などで商品として販売する場合には著作者の許諾が必要となります。
・落丁・乱丁は小社にてお取り替えいたします。
・定価はカバーに表示してあります。

© Naomi Yogo/magazineland 2015 Printed in Japan
ISBN 978-4-86546-080-3 C5077